高校国有资产管理体制对职务科技成果转化影响研究

钟冲　石琦　雷鸣　高红梅　牟茁　◎著

西南交通大学出版社
·成都·

图书在版编目（CIP）数据

高校国有资产管理体制对职务科技成果转化影响研究 /
钟冲等著. —成都：西南交通大学出版社，2020.12
ISBN 978-7-5643-7846-2

Ⅰ.①高… Ⅱ.①钟… Ⅲ.①高等学校 – 科技成果 –
成果转化 – 研究 – 中国 Ⅳ.①G644

中国版本图书馆 CIP 数据核字（2020）第 239668 号

Gaoxiao Guoyou Zichan Guanli Tizhi dui Zhiwu Keji Chengguo Zhuanhua Yingxiang Yanjiu
高校国有资产管理体制对职务科技成果转化影响研究
钟冲　石琦　雷鸣　高红梅　牟茁　著

责 任 编 辑	孟秀芝
封 面 设 计	曹天擎
出 版 发 行	西南交通大学出版社 （四川省成都市金牛区二环路北一段 111 号 　西南交通大学创新大厦 21 楼）
发行部电话	028-87600564　028-87600533
邮 政 编 码	610031
网　　　址	http://www.xnjdcbs.com
印　　　刷	成都勤德印务有限公司
成 品 尺 寸	170 mm × 230 mm
印　　　张	11.75
字　　　数	152 千
版　　　次	2020 年 12 月第 1 版
印　　　次	2020 年 12 月第 1 次
书　　　号	ISBN 978-7-5643-7846-2
定　　　价	58.00 元

图书如有印装质量问题　本社负责退换
版权所有　盗版必究　举报电话：028-87600562

序言

>>>>

党的十八大以来，以习近平同志为核心的党中央全面实施创新驱动发展战略，坚持走中国特色自主创新道路，而加速科技成果转移转化是实施创新驱动发展战略的关键。长期以来，我国高度重视科技成果转化，逐步建立适合我国国情和体制的技术创新体系，以促进我国的科技成果转化。2015年，国务院印发了《中华人民共和国促进科技成果转化法》，进一步提升了高校科技成果向企业、向社会、向市场的转化效率，对于利益机制分配开展了创新改革。2020年，科技部等9部门出台了《赋予科研人员职务科技成果所有权或长期使用权试点实施方案》，探索建立了促进科技成果转化的新模式，进一步激发了科研人员创新的积极性。

高校既是科技创新的重要基地，也是科技成果集中产出的重镇。高校科技成果转化的效率和质量在一定程度上影响了国家战略、新兴产业成长与经济社会发展。此前，高校受到国有资产监管的限制，难逃国有资产流失的"国资诅咒"，严重阻碍科技成果转化。科技成果转化的评估机制、产权登记制度、处置制度、收益分配等问题，一旦处理不当，都会影响科技成果转化效率。科技成果要想取得更大程度的飞跃发展，需要有匹配的国有资产管理体制作支撑。

为此，本书针对职务科技成果混合所有制改革进行了有益探索，通过承认职务科技成果特殊属性、实施所有权确权激励破除"国资诅咒"，实现科研人员和高校在权力与动力上的激励相容。针对改革不合规、细节不完善、政策不配套、机制不健全等问题，着力优化政策和法律法规，加快建设校内成果转移机构，积极完善改革相关政策配套体系，重点加强对改革的跟踪监测与宣传，以混合所有制模式推动职务科技成果转化。

本书的编写目的在于研究分析高校国有资产管理体制对职务科技成果转化的影响，以"职务科技成果混合所有制"改革为契机，探索高校科技成果转化国有资产管理体制改革路径，同时针对高校科技成果转化障碍进一步挖掘与破解，以期推动高校自身内部管理体制的完善，同时有利于进一步推动高等教育事业的发展，对我国高校科技成果转化提供政策建议。

本书由钟冲、石琦、雷鸣、高红梅、牟茁所著，著书过程中得到西南交通大学经济管理学院、西南交通大学资产与实验室管理处、成都西南交大科技园管理有限责任公司的大力支持，在此表示感谢。特别感谢西南交通大学经济管理学院叶勇教授对本书的理论分析和政策措施等章节给予的宝贵意见。

本书的编写过程中不可避免地存在一些认识不到位的地方，望读者谅解。

钟冲　石琦　雷鸣　高红梅　牟茁

2020 年 10 月

目录 \ CONTENTS

第1章 绪　论···001
　　1.1　研究背景··002
　　1.2　研究目的··007
　　1.3　研究意义··010
　　1.4　研究内容··012
　　1.5　研究方法··016

第2章 理论分析···020
　　2.1　高校科技成果转化的概念与内涵··························021
　　2.2　高校国有资产管理概述····································028
　　2.3　相关理论基础··035

第3章 研究现状···043
　　3.1　国内外国有资产管理体制研究····························046
　　3.2　职务科技成果混合所有制改革研究现状················049
　　3.3　研究展望··067

第4章 经验回顾···074
　　4.1　科技成果转化主要模式····································075
　　4.2　我国高校科技成果转化经验回顾························076

第5章 高校国有资产管理体制对职务科技成果转化影响分析····104
　　5.1　高校科技成果转化影响因素分析························105

5.2	高校国有资产管理体制对职务科技成果转化的影响 ·············· 112
5.3	高校科技成果转化国有资产管理问题与症结 ········ 119

第 6 章　职务科技成果混合所有制与国有资产管理 ·············· 130
 6.1　职务科技成果混合所有制改革背景 ·············· 131
 6.2　职务科技成果转化的理论基础 ·············· 132
 6.3　职务科技成果混合所有制实践成果 ·············· 136

第 7 章　高校科技成果转化国有资产管理体制改革措施 ·············· 139
 7.1　创新国有资产管理模式 ·············· 141
 7.2　探索科技成果权属模式 ·············· 143
 7.3　优化科技成果评估备案与产权登记 ·············· 145
 7.4　构建科学合理的法律制度 ·············· 146
 7.5　健全科技成果内部管理控制 ·············· 149

第 8 章　高校科技成果转化障碍的再分析 ·············· 154
 8.1　障碍分析 ·············· 155
 8.2　实证检验 ·············· 162

第 9 章　总结与建议 ·············· 170
 9.1　总　　结 ·············· 171
 9.2　建　　议 ·············· 174

第 1 章 绪 论

1.1 研究背景

天眼探空、神舟飞天、航母下水、高铁复兴、量子计算、5G领跑，一个个奇迹般的伟大中国创新，书写引领世界的强国梦，助推中华民族伟大复兴。人类发展史告诉我们，科技创新是推动国家、社会发展的核心力量，人对自然的好奇心驱使，推动了科技发展，产生了一轮又一轮的工业和技术革命，每一次变革都使人类社会发生了翻天覆地的变化，深刻影响了世界格局与政治经济力量对比变化。人类社会发展史也是一部科技创新的历史，在浩瀚的历史长河中，科技创新决定文明走向、引领世界进步、改变人类未来。科技创新是引领经济发展和社会进步的动力源泉，是提升社会生产力水平和综合国力的重要支撑，是实现跨越式发展的内在动力。在新一轮全球产业和技术革命背景下，发达国家充分认识到科技创新的作用，将其作为展示国力、抢占市场的重要手段，借助科技创新在人工智能、先进制造等领域获得发展先机，从而推动各项事业发展。对于我国而言，科技创新尤为重要，不仅有利于促进传统产业转型升级提升企业活力，更有利于进一步完善国家创新体系，为经济和社会全面发展提供坚实支撑。

党的十八大以来，以习近平同志为核心的党中央全面实施创新驱动发展战略。创新驱动是国家命运所系、科技创新是国家繁荣富强的根基，科技实力决定着各国各民族的前途命运；创新驱动是发展形势所需，我国经济发展面临新形势，发展不平衡、不协调等问题依然突出，资源、环境、人口等各方面压力越来越大，传统的劳动力驱动、资源能源驱动等老路行不通，必须依赖创新驱动，不断提升我国经济发展的质量和效益；创新驱动更是世界大势所趋，全球科技革命正在重塑各国格局，唯有占领创新高点，才能赢得主动，为世界发展做出更大贡献[1]。因此，实施创新驱动发展战略，不仅有利于提升我国经济质量效益，更重要的是，对于我国形成国际竞争新优势具有战略意义。

2016年，全国科技创新大会、两院院士大会、中国科协第九次全国代表大会在北京召开，我国两院院士和科技工作者共4000余名代表参会，习近平总书记以"为建设世界科技强国而奋斗"为题发表了重要讲话。会议站在我国发展新的历史起点上，充分强调了科技创新的重要性，吹响了建设世界科技强国的号角[2]。大会上习近平同志指出："科技是国之利器，国家赖之以强，企业赖之以赢，人民生活赖之以好。中国要强，中国人民生活要好，必须有强大科技。"《国家创新驱动发展战略纲要》指出："我国科技事业发展的目标是，到2020年时使我国进入创新型国家行列，到2030年时使我国进入创新型国家前列，到新中国成立100年时使我国成为世界科技强国。"

2018年，"伟大的变革——庆祝改革开放40周年大型展览"盛大开展，实体展馆壮丽恢宏、网上展馆永不落幕，世界最快的"复兴"号动车组模型、长征系列运载火箭、"天宫"号空间实验室、"蛟龙"号载人潜水器模型，一件件国之重器，向观众描绘出中国发展的宏伟蓝图[3]。改革开放40年来，空间科学、人工智能、四代核电、量子通信，科技创新格局发生了历史转折，一系列贯通人类社会的创新成果脱颖而出，为我国社会主义现代化建设提供了坚实的科技支撑。

如果把科技创新比作经济社会发展的新引擎，把创新驱动比作引擎系统中必不可少的点火剂，那么科技成果转化则是保证引擎全速发动的燃料供应系统。科技成果转化是国家创新体系研究的重要内容，是提高国家经济运行绩效的重要途径，有助于加快实施创新驱动发展战略。众所周知，科技成果转化是科技创新的重要环节，科技成果转化能力和水平直接影响科技创新的能力和水平。科技成果转化从本质上而言，是科技成果向产品化、产业化和市场化转变的过程，实现科技成果的经济价值，将科技成果转化为生产力应用到实践中，具有十分重要的作用。2014年，习近平在两院院士大会上指出："科技成果只有同国家需要、人民要求、市场需求相结合，完成从科学研究、实验开发、推广应用的三级跳，才能真正实现创新价值、实现创新驱动发展。"[4]科技成果转化是适应世界发展形势的需要，当今世界经济竞争的实质是科技竞争，具体表现为科技成果的转化数量、转化质量、转化速度的竞争，归根结底是科技成果产业化程度与市场占有率；科技成果转化是落实科技创新的关键，经济发展依赖于科技进步，而只有把科技成果运用于生产实践，才能推动经济和社会发展；科技成果转化是科技与经济结合的有效形式，新技术的产生不一定能形成新产业，规模效益需要建立在科技成果转化基础上，通过制定有力措施、创造有利条件，加快转化步伐，助力经济发展。

长期以来，我国高度重视科技成果转化，从政策设计和实践运用两个层面大力推动科技体制改革，探索建立了以企业为主体、以市场为导向、以产学研融合为手段的技术创新体系，以促进我国的科技成果转化。1999年，经全国人民代表大会常务委员会审议通过了《中华人民共和国促进科技成果转化法》。该法律文件设有以下条款："国家所设立的研究开发机构以及高校享有

'具有实用价值的职务科技成果'，科技成果完成人和参加人可以按协议进行科技成果转化并获得协议约定的权益。"2002年，科技部、财政部联合发布了《关于国家科研计划项目研究成果知识产权管理的若干规定》，国家授予科研项目承担单位可以依法自主决定实施、许可他人实施、转让、作价入股等活动，并取得相应收益，是一次权力下放的试点改革，这一历史性的突破对高校和科研院所产生了深远的影响。2015年，国务院印发了《中华人民共和国促进科技成果转化法》，从转化的利益机制分配调整促进大学、科研机构的科技成果向企业、向社会的转化效率。新修订的法律文件，从科研组织、转化实施、转化环节等多方面统筹考虑，极大地调动了科技成果转化的积极性，增强了科研人员的转化动力，营造了良好的科技成果转化服务环境，有效促进科研与市场的结合，更将科技成果完成人的科技成果转化奖励和报酬标准予以定量，从收益的分配上再次鼓励了高校的科技成果转化，给予在研究开发和科技成果转化中做出主要贡献的人员，获得奖励的份额不低于总额的50%。此后，国家陆续出台了《实施〈促进科技成果转化法〉若干规定》《促进科技成果转移转化行动方案》等一系列政策，科技成果转化工作持续迎来大"松绑"，不断优化的制度环境，对科研人员的激励政策也涵盖了税收优惠、股权激励等多方面，目的就是为促进科技成果转移转化，支持科技创新。

众所周知，高校是科技创新的重要阵地，有着丰富的科技资源和人力资源。特别是随着建设世界一流大学和一流学科重大战略的深入推进，具备一定科学研究实力的高校，在国家科技创新体系中发挥的作用愈发重要，已经成为国家科技创新的主力军。据统计，近年来增选的"两院"院士（中国科学院和中国工程院的统称），50%以上来自高校，且主要出自"985"高校，他们是创造科技成果的主干力量；60%以上的国家实验室和国家重点实验室建在高校，在促进重大科研成果的产生和优秀科研人员培育方面，发挥了不可替代的重要作用；80%左右的国家自然科学基金项目由高校教师负责承担，依托基金项目，着力源头创新，提升自主创新能力，促进重点领域跨越发展，高校为完成重大科学技术创新、实现科学技术成果转化、创造显著社会经济效益创造了有利条件[5]。

随着科教兴国和人才强国战略的有力实施,高校拥有的高水平人才、高质量科技成果和高资金投入，表明高校在科学研究、成果转化领域占有十分重要的地位。高校承担了大量基础研究工作，积累了大量科研技术成果，但由于先天与市场联系不足，缺乏有效途径来实现科技成果的市场化、产业化，难以创造知识产权收益。我国整体科技成果转化率仅为25%左右，最终产业化的不足5%[6]，高校科技成果转化效率仍然处于较低水平，大量科研成果"生在实验室、死在校园内"，转化效率低、造成资源浪费。为此，大量文献研究了科技成果转化效率及其影响因素。结果表明，我国高校科技成果转化效率整体不高，且各地区之间存在较大的差异，影响转化效率的因素主要包括高校管理体制、科研经费投入、成果特性与转化意愿、政策法规支持与中介服务能力等方面。为了进一步提升科技成果转化效率，"职务科技成果混合所有制改革"进行了开创性尝试，立足于体制改革，以产权分割为核心，以事前激励为导向，旨在提升科技成果质量，激发成果完成人的转化意愿。这项前所未有的试验改革，在合法性、必要性、合理性及可操作性等方面都得到了验证，不仅推动了《中华人民共和国专利法》《事业单位国有资产管理暂行办法》等国家有关法律法规修订以及北京、上海、四川等地方性改革政策出台,还得到了国务院常务会议批准在京津冀、上海、广东、安徽、四川、武汉、西安、沈阳八大全面创新改革试验区开展试点。

然而,囿于"国资严格管理、高校隶属国有"的基本国情,高校依然面临"国有资产严格管理—成果所有权归国有单位—高校无权将国有股划拨个人—难以精准激励科研人员—成果无法或非法转移转化—实质性国资流失"的怪圈。由于在科技成果转化评估机制、国有资产处置事项、国有资产投资与监管等方面存在种种问题,必然限制了科技成果转化进程,科技成果要想取得更大程度的飞跃发展还存在一定的困难,转化效率自然难以提升。党的十八大和十八届三中全会明确提出要"完善各类国有资产管理体制",当前政府将国有资产管理体制改革的重点放在经营性国有资产和行政事业单位国有资产上,以"职务发明科技成果"为代表的资源性国有资产管理体制的改革严重落后于市场经济的发展速度,阻碍了国有经济的健康发展。

因此,如何破除制约科技成果转移转化的"国资诅咒"[①],是当前迫切需要解决的核心问题,探索高校国有资产管理体制对职务科技成果转化的影响是一项旨在尊重科技成果完成人劳动成果、提升成果完成人转化积极性、促进科技成果有效转化的创新性研究。

1.2 研究目的

众所周知,高校是我国各类人才的培育摇篮,每年为各行各

---

① "国资诅咒"是指由于公办高校隶属国有的现实情况,高校研发资产国有属性面临越严格监管、越流失严重的情况,严重制约入股型科技成果转化。

业输送大量优质人才，是我国科学研究、人才培训的重要基地，是建设创新型国家的重要人力资源，是实施科技成果转化的主力军。近年来，我国越来越重视科技成果转化，相继出台了一系列政策并起到了激励作用，通过多年来的摸索、总结、创新、实践，已经收获了比较丰富的经验，大量科技成果正在发挥积极的应用价值，有效促进了经济社会的发展。随着我国科技实力的快速提升，有必要深入探究科技成果转化问题，这对于我国经济社会发展具有重大战略意义。尽管西方发达国家对于科技成果转化问题的研究起步相对较早，但出于体制机制不同，西方发达国家的成熟模式并不一定能够完全适用，更不能生搬硬套。鉴于此，有必要在借鉴并突破国外理论研究成果的基础上，立足国情、研究特点、探索规律、大胆创新，探索建立适合我国国情的科技成果转化体制，分析高校科技成果转化存在的深层障碍。这有助于改变高校科技成果转化难的现状，也有助于提升科技成果转化的积极性，让高校科技活动更好地服务于我国经济的发展和社会的进步。

一方面，做好科技成果转化工作，有助于提升高校科技成果转化能力。本书以西南交通大学自2010年以来开展的"职务科技成果混合所有制改革"为基础，结合四川省、成都市长期以来开展的一系列促进科技成果转化改革试点工作，以实际转化案例和实地调研情况作为分析对象，深入挖掘制约科技成果转化的障碍，发现其中存在的薄弱环节，探索有效促进科技成果转化的国有资产体制，使科技成果转化能力显著增强、转化效率显著提升。

另一方面，创新国有资产管理，更是促进科技成果转化的必要条件。随着高等教育事业的不断发展，高校资产规模越来越大、配置标准越来越高，但由于管理手段未能及时跟上，往往出现家底数据不清晰、仪器设备闲置浪费等现象，高校资产不能发挥出价值效益，导致高校发展物资需求难以满足。因此，管好用好国有资产，对于推动科技成果转化工作十分重要且必不可少。科技成果市场定价、科技成果转化收益分配、无形资产管理等，其根本目的是使实验室内产生的科技成果发挥出经济价值，实现国有资产保值增值。

基于此，本书在对行政事业单位国有资产管理、高校科技成果转化涉及的国有资产管理问题综述分析的基础上，结合高校科技成果转化、高校国有资产管理体制机制的理论分析，深入研究当前我国高校科技成果转化的现状，从而发现其中存在的问题和障碍，继而探讨问题成因与形成机理，总结西方发达国家和我国部分高校相关成功经验与实践案例，分析高校国有资产管理体制对职务科技成果转化影响，以"职务科技成果混合所有制"改革为契机，探索高校科技成果转化国有资产管理体制改革路径，同时针对高校科技成果转化障碍进一步挖掘与破解，以期推动高校不断完善内部管理体制，进一步推动高等教育事业的发展，对我国高校科技成果转化国有资产管理等相关问题提供政策建议。

本研究期望达到以下几个目的：

其一，总结归纳国内外职务科技成果转化实践经验，深入分析各种模式的基本逻辑和存在的不足，提出职务科技成果混合所有制模式及其基本逻辑，为四川省全面创新改革试点乃至全国深化职务科技成果转化改革提供丰富的理论依据与实践路径。

其二，深入阐释职务科技成果转化的三个基本认识：主体论、价值论、资源论。分别从转化主体视角、马克思主义劳动价值论、职务科技成果的资源属性等三个主要方面进行阐释，进一步丰富职务科技成果混合所有制理论体系。

其三，从国有资产管理体制视角，深入分析职务科技成果权属，阐释高校国有资产管理体制对职务发明科技成果转化的影响，为进一步推动我国高校国有资产管理改革提供理论依据和政策建议。

其四，以西南交通大学为试点，基于已经试水成功的职务科技成果转化改革的前提，力争完善国有资产管理体制，出台一系列破除"国资诅咒"的创新举措，形成可复制、可推广的高校院所科技成果转移转化畅通的经验案例。

1.3 研究意义

随着社会经济的不断发展，传统的国有资产管理模式已经难以适应当前市场发展规律，急需探索建立新形势下国有资产管理模式。目前，我国高校资产管理工作仍然面临着家底不清、配置不均、效益不高、监管不力等困难。其根本原因在于，国有资产管理未能跟上时代发展步伐，难以适应新时代需求，因此，改革高校科技成果转化中的国有资产管理体制，迫在眉睫。

创新改革科技成果转化过程中的国有资产管理模式，也是高校服务社会、为社会创造价值的体现。高校作为国家创新体系的重要主体之一，承担着科学研究的职责，在知识创新和技术创新等方面肩负重任，大力推动科技成果转化工作，有效助力高新技术产业迅速发展，从而促进我国经济增长，这是高校的职责所在。高校作为与企业联系最为紧密的创新主体，应将科研体制改革作为其转型发展的战略支点，打破传统对于理论研究与基础研究的依赖，更加注重应用性研究和技术性研究，成为应用性研究成果的供给主体，促进科技成果转化，更好地服务区域产业发展和推动经济转型升级。

创新科技成果转化过程中的资产管理模式，更是贯彻党中央、国务院实施创新驱动发展战略的新要求。着眼于建设世界科技强国，面对新时代提出的新目标和新任务，高校科技工作有了行动指南和规划方针，立足成果创造，依靠思想、人才、资源创新，大胆改革科技成果转化方式以及资产管理体制，为实现中华民族伟大复兴的贡献应有力量。

本书的研究意义体现在理论、现实意义两个方面：

（1）理论意义。

近年来，关于高校科技成果转化已经成为学术界关注的热点，政府、专家、学者乃至社会大众都把目光转移到高校科技成果转化上来，高校科技成果转化问题已经上升到国家高度。但是，高校科技成果转化效率长期以来偏低，怎样使高校科技成果转化的理论与实践结合在一起，让紧固在校园内的科研成果可以真正落地，一直以来都是专家、学者们关心、研究的热点问题。现有学术成果主要围绕高校科技成果转化模式、高校科技成果转化机制、高校科技成果转化效率、高校科技成果转化障碍等方面开展，且多集中在理论分析层面，没有较好地结合高校科技成果转化案例，未能形成系统的认识和改革的策略。本书基于我国当前高校的科技成果转化现状进行分析和研究，以国有资产体制根本障碍为研究视角，分析高校国有资产管理体制对科技成果转化的影响,探索高校科技成果转化国有资产管理体制改革路径,丰富职务科技成果混合所有制改革理论体系,对于促进高校科技成果转化具有重要的理论意义。

(2)现实意义。

我国现阶段正处于经济飞速发展进程中,科学技术的进步能够进一步促进经济的发展,因此科技成果转化尤为重要,是推动科技进步、经济发展的主要动力。创新科技成果转化过程中的资产管理模式是实施创新驱动发展战略的内在要求,创新的本质目的是促进发展,从我国多年来科技体制改革的经验来看,改革的任务是解决科技与经济不兼容问题,打通创新环节与商业化、产业化环节,使科技与经济紧密联系在一起,更好地服务于国家战略、服务于大众需求,从而支撑经济社会发展。做好科技成果转化工作,解决其中的国有资产管理难题,应对世界新一轮科技革命的挑战、抓住世界新一轮产业变革的机会,通过发挥我国科技优势,带动产业发展从而形成经济优势。因此,破除高校科技成果转化过程中的"国资诅咒",找到影响高校科技成果转化的有效路径,有助于把有实用价值的成果转化为实际的生产力,保障并促进我国经济的快速发展。

1.4 研究内容

本书首先对高校国有资产管理问题及其高校科技成果转化影响进行文献回顾,并对高校国有资产体制机制、高校科技成果以及科技成果转化的内涵进行分析,在国内外高校科技成果转化资产管理现状分析和经验总结的基础上,开展高校国有资产管理体制对职务科技成果转化影响的理论分析，并以职务科技成果混合所有制改革为契机，针对高校科技成果转化面临的国有资产管理问题探索改革措施，形成促进高校科技成果转化的国有资产管理建议，并进一步挖掘与破解高校科技成果转化存在的其他障碍，丰富职务科技成果混合所有制理论，为提升高校科技成果转化效率提供政策建议与实践举措。主要研究内容如下：

（1）分析科技成果转化的影响因素。

基于国家出台或修订的一系列法案，如《中华人民共和国促进科技成果转化法》《实施促进科技成果转化法若干规定》等，结合我国"高校职务科技成果虽多，转化能力却十分薄弱"这一现实背景，从个体、组织、社会、政府四个层面分析职务科技成果转化的影响因素。

（2）分析高校国有资产管理体制研究视角的可行性和必要性。

通过借鉴国外发达国家经验，对比分析我国职务科技成果实践情况，从高校国有资产管理体制切入，提出真正的阻碍职务科技成果转化的重要因素是传统的国有资产保全、国有股权等思想观念，科技成果转化率低的关键因素是职务科技成果国有资产问题，职务科技成果国有资产化阻碍科技成果转化、职务科技成果转化评估作价形成的国有股权奖励的延迟性和不确定性、资产评估定价机制制约转化。

（3）理论分析高校国有资产管理体制对职务科技成果转化的影响。

针对我国各地推动职务科技成果转化实践情况开展实地调查与访谈，针对国内高校开展关于国有资产管理优化促进职务科技成果转化方面的问卷调查，总结高校国有资产管理体制存在的不足，提炼归纳促进职务科技成果转化的优化机制，重点从国有资产管理体制、科技政策体制、财政税收支持政策、要素自由流动政策等方面探讨构建符合我国国情的现代化、科学化的体制，进一步促进职务科技成果转化。

（4）丰富职务科技成果混合所有制理论。

基于职务科技成果混合所有制这一最符合中国国情的制度，详细阐述其理论内涵，包括资源论、价值论、主体论等，提出职务科技成果转化激励相容理论，包括科研人员激励机制的参与约束研究、科研人员激励机制的激励相容约束研究，从"改革不合规""细节不完善""政策不配套""机制不健全"四个方面分析职务科技成果混合所有制改革面临的困境，重点阐述高校国有资产管理体制不健全这一主要制约障碍。

（5）基于上述理论分析和实证研究的分析结果，为国有资产制度修改、机制优化提出合理建议，提出进一步推进职务科技成果混合所有制解决方案。

具体章节安排如下：

第1章绪论。阐述研究背景、研究目的和研究意义，总体介绍研究内容与结构框架。

第2章理论分析。着重分析高校科技成果转化内涵特点、高校国有资产管理体制以及科技成果转化涉及的资产、创新等理论，为后续章节奠定理论基础。

第3章研究现状。系统梳理关于行政事业单位国有资产管理回顾、职务科技成果混合所有制等方面国内外研究，阐述科技成果转化的影响因素以及国有资产体制对科技成果的影响，提出重点研究方向。

第4章经验回顾。从研究背景、理论依据、制度设计、具体政策、案例分析、经验总结等方面分析国内外高校科技成果转化工作中如何应对资产管理问题，从中得到启示和帮助。

第5章高校国有资产管理体制对职务科技成果转化影响分析。通过深入分析高校科技成果转化影响因素，验证国有资产管理体制这一核心问题要素，从实务中具体分析高校国有资产管理体制对职务科技成果转化影响表现，总结高校科技成果转化国有资产管理问题与症结。

第6章职务科技成果混合所有制与国有资产管理。以职务科技成果混合所有制改革为契机，通过分析改革的背景与改革前期已经建立的相关理论，结合改革试点的实践案例，发现职务科技成果混合所有制受限的国资困境。

第7章高校科技成果转化国有资产管理体制改革措施。分别从产权归属、产权评估、产权办理、资产处置四个方面提出改革建议，建立改革科技成果转化过程中的资产管理新体制。

第8章高校科技成果转化障碍的再分析。从高校科技成果转化的研发环节、中试环节、市场化环节三个阶段，进一步挖掘高校科技成果转化障碍。

第9章总结与建议。从高校科技成果转化国有资产管理、职务科技成果混合所有制改革两个方面总结，并给出完善国有资产管理、提升科技成果转化效率的建议。

研究框架详见图1-1。

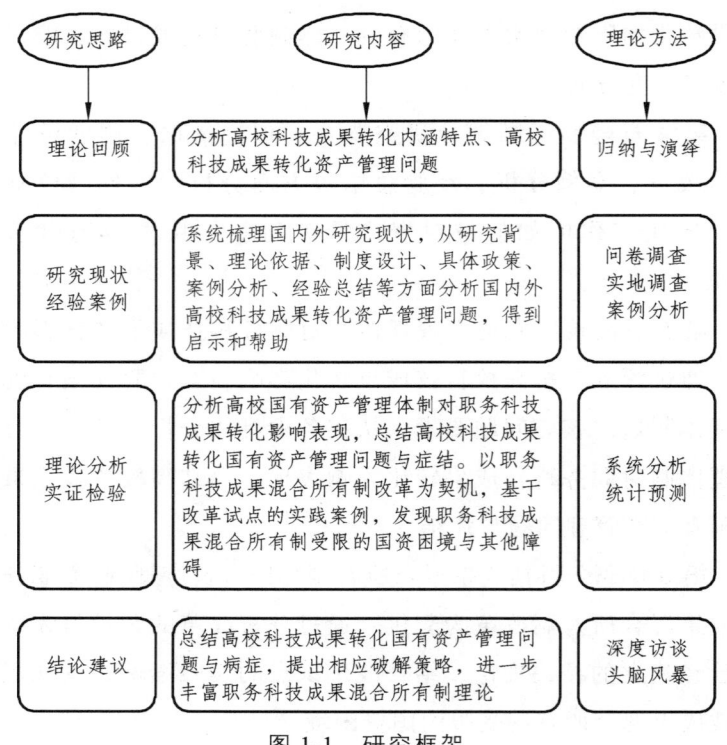

图 1-1 研究框架

1.5 研究方法

本书按照"资料搜集—文献综述—概念定义—对比分析—调查分析—理论分析—结论建议"的思路展开,以高校国有资产管理体制为视角,重点研究其对科技成果转化的影响,通过比较分析国内外职务科技成果转化经验案例,基于职务科技成果混合所有制理论,分析当前我国科技成果转化面临的困境,探索适合我国国情的科技成果转化国有资产管理体制,为进一步推进职务科技成果混合所有制改革提出政策建议。采取的主要研究方法如下：

（1）文献研究法。文献研究法又称历史文献法，通过搜集、整理、归纳研究现有的相关资料，从文献中获得有益信息。本书以政策文本、理论著作、学术论文、会议报告等作为研究对象，分析其中有关高校科技成果转化面临的困境及解决方案，重点是在国有资产管理方面，存在哪些局限和不利，如何影响科技成果转化，能否通过政策、机制改革打破障碍。

（2）比较研究法。比较研究美国、英国、德国等发达国家在科技成果转化方面积累的经验，分析其获得成功的关键因素，形成国际模式与套路，与我国当前科技成果转化现状进行比较，找寻差异与不足，从国际经验比较中得到启发，并且推论其借鉴的可能。

（3）问卷调查法。面向国内部分高校发放问卷，收集高校国有资产管理体制对职务科技成果转化影响的有关意见，通过对高校资产管理部门、科研管理部门、成果转化管理部门相关人员以及直接从事科技成果转化的工作人员开展问卷调查，了解高校在科技成果转化在资产管理问题方面遇到的困境，并通过对具体问题的抽象反思对科技成果转化的效果评估与总结，收集相关建议、措施、策略。

（4）访谈调查法。通过向不同类型的人群进行访谈，根据被访者的答复按照研究所需客观收集事实材料。面向国内科技成果转化工作进展顺利的地区，以及京津冀、上海、广东、安徽、四川、武汉、西安、沈阳八大全面创新改革试验区，有针对性对选择当地政府科技管理部门、高校、科研机构、高新企业等，开展实地访谈调查，分析当前国有资产管理体制对于高校科技成果转化的影响，准确把握科技成果转化过程中存在的障碍，通过对相关领导、管理人员、实施人员等不同对象访谈，了解不同人群对于科技成果转化的管理策略与改革实施方案并进行评价与反思。

（5）理论分析法。对国有资产管理进行理论定性研究，研究国有资本的特点和性质，揭示国有资产管理的内在规律和逻辑，通过准确界定高校科技成果转化的定义，深入分析国有资产管理与科技成果转化之间的关系，找寻高校国有资产管理体制对科技成果转化影响的形成原因与内在机理，探索建立起促进科技成果转化的国有资产管理体制。

【参考文献】

[1] 白天亮、刘志强、赵展慧.创新，引领发展的第一动力——党的十八大以来实施创新驱动发展战略述评[N].人民日报，2019-01-30.

[2] 习近平.为建设世界科技强国而奋斗——在全国科技创新大会、两院院士大会、中国科协第九次全国代表大会上的讲话[EB/OL].[2016-05-31]. http://www.xinhuanet.com/politics/2016-05/31/c_1118965169.htm.

[3] 吴啸浪.习近平参观"伟大的变革——庆祝改革开放40周年大型展览"[EB/OL].[2018-11-13]. http://www.gov.cn/xinwen/2018-11/13/content_5340021.htm.

[4] 曹昆.习近平指出科技创新的三大方向[EB/OL].[2016-06-02]. http://politics.people.com.cn/n1/2016/0602/c1001-28406379.html.

[5] 赵秀红.今年新增中国科学院院士64人、中国工程院院士75人 55.4%新当选两院院士来自高校[EB/OL].

[2019-11-24]. http://news.e21.cn/yw_66/gn/201911/t20191124_118060.shtml.

[6] 李晓莉. 我国科技成果实现产业化不足5%严重偏低[EB/OL]. [2011-09-30]. http://www.cinic.org.cn/xw/cjyj/240387.html?from=groupmessage.

第 2 章 / 理论分析

2.1 高校科技成果转化的概念与内涵

研究高校科技成果转化问题，必须把握其中涉及的多个相关概念与理论，透彻分析高校科技成果转化的内涵，是分析转化问题的必备前提。

2.1.1 科技成果

关于科技成果的概念，可以理解为从事科技活动相关人员在开展科学研究工作中产生的成果，最早中国科学院颁布的《中国科学院科学技术研究成果管理办法》中对"科技成果"进行了定义："对某一科学技术研究课题，通过观察实验、研究试制或辩证思维活动取得的具有一定学术意义或实用意义的结果。"因此，科技成果首先是一种科学技术，具有一定的学术理论或是现实意义，从学术理论角度来看，是指科技著作、论文、报告等，在行业中有一定引导价值；从现实意义角度来看，更多的是强调能够为行业带来核心技术竞争力，我们所提及的科技成果转化，正是立足于实用价值认定的科技成果。

1984年，原国家科学技术委员会发布的《国家科委关于科学技术研究成果管理的规定》中将科技成果概念定义如下："为解决某一科学技术问题而取得的具有一定新颖性、先进性和实用价值的应用技术成果；在重大科学技术项目研究进程中取得的有一定新颖性、先进性和独立应用价值或学术意义的阶段性科技成果；消化、吸收引进技术取得的科技成果；科技成果应用推广过程中取得的新的科技成果；为阐明自然的现象、特性或规律而取得的具有一定学术意义的科学理论成果。"可见,科技成果是从事科技活动相关人员通过复杂的智力劳动获得的具备某种被公认的学术或经济价值的知识产品。

2015年,第十二届全国人民代表大会常务委员会第十六次会议修订了《中华人民共和国促进科技成果转化法》,其中第二条明确规定:"科技成果是指通过科学研究与技术开发所产生的具有实用价值的成果。"可见,法律规定科技成果由"科学成果"和"技术成果"两部分组成,着重强调成果的实用价值。科学成果的创造经历是一个探寻真知的过程,科学性、创造性、理论性、实用性是满足科学成果最终具有价值的必要条件。

总的来说,科技成果是从事科技活动相关人员历经问题发现、分析问题、探索实践、不断总结等过程获得的,对实际生产或生活有一定作用和意义,且得到专业认可、获得社会肯定,能够运用于实际生产或生活。适合转化的科技成果是通过基础研究、应用研究、试验发展而产生的可以改进现有技术或开创未知领域的应用价值成果,表现为智力劳动形成的无形资产,具有创新性、技术性、专有性。从其属性上来看,科技成果来源于职务发明和非职务发明两种形式,其中,职务发明是指依托所在单位公共资源所完成的科技成果;非职务发明是指利用个人自有资源完成的科技成果。在当今社会,很难仅凭个人资源创造重大的科技成果,因此职务发明是科技成果的主要来源形式。

一般认为,来源于高校创造的科技成果被统称为高校科技成果。《中华人民共和国促进科技成果转化法》(2015年修订)准确界定了职务发明科技成果,强调了职务发明科技成果表现为"利用职务的便利"。因此,高校科技成果是指高校科研人员为了完成科研工作任务，通过利用本单位物质技术条件而创造产生的成果，并在一定范围内经试验证明具有一定的成熟性、适用性，预期能够取得较好的经济、社会或环境效益。高校科技成果具有先进性，体现出新的特点、新的创见，其实用性符合科学规律、满足社会需求，可以被重复使用或验证。

2.1.2 科技成果转化

科技成果转化的概念最早于1912年提出，认为创新推动了现代经济社会发展，把有创意的科技成果转化为可获利的商品及其产业。具体步骤是首先进行全新产品的采用、引入全新工艺方法，而后进行市场开拓、对材料来源的拓展，最终完成全新工业体系构建。从广义来看，科技成果转化总体上表现为各类成果得到充分应用，从而提高劳动者的素质，加强生产技术技能，使得工作效率得到提升。由于生产力包括人力、物力因素，因此科学技术这一潜在的生产力要转化为直接的生产力，最终必须要通过提高人的素质、改善劳动工具来实现。从广义来看，科技成果转化指的是科技成果历经创造、转移、推广、使用等过程，运用到生产经营环节，改善劳动效率，促进经济社会发展。从狭义来看，科技成果转化仅指技术成果的转化，即将具有创新性的技术成果从研究单位转移到生产单位，创造新产品或使旧产品工艺改进、效益提高，最终使经济得到发展。本书所研究的科技成果转化一般是指这种类型的转化，强调的是技术成果的创造和应用。

国外学者更多的是采用"技术转移"观点来阐释科技成果转化这一概念，即将完成人创造的科技成果转移到市场中去实现产业化活动，整个过程包括科学技术研究、对科技成果进行转移、科研成果的实践应用等三个阶段。在这三个阶段中，科技成果贯穿始终，人才要素发挥至关重要的作用。在市场经济体制下，科技成果中蕴含着大量科学技术，如果能够发挥其技术价值，并将其应用于市场，体现出实用价值，最终创造出现实产品，并使其进入市场自由流通，那么转化的意义就实现了，而这个将科技成果最终商业化、产业化的过程，通常被称为"技术转移"或"技术创新"。

我国对于科技成果转化概念的权威解释来源于2015年修订的《中华人民共和国促进科技成果转化法》，法律条款明确指出："科技成果转化是为提高生产力水平而对科技成果所进行的后续试验、开发、应用、推广直至形成新技术、新工艺、新材料、新产品，发展新产业等活动。"站在知识资源或技术资源转移的视角，科技成果转化是以科技资源或服务能力为标的，由成果完成单位作为供给方主体向成果需求单位作为接受方主体进行区域转移和扩散的法律性活动，其特点是溢出性和扩散性，具有交易性、资本性的特点。

所以，"技术转移"与"科技成果转化"两个概念，既有联系又有区别。两者的最终目标都是提高生产力、创造经济价值、推动社会发展，其实现过程都是通过创造新产品、新工艺、新材料从而提升劳动效率。但"技术转移"更多强调的是"移"，即成果技术在物理空间位置上的转移，但每一次转移不一定会带来新事物；"科技成果转化"着重强调的是"化"，即科技成果技术形态的变化，一旦转化完成，便会形成新的技艺、提升生产力。

众所周知，科技成果转化是一项极其复杂的系统工程，有一套属于自己的体系模式,需要多方联系共同运行。在科技成果转化过程中,政府作用是必不可少的,政府政策引导具有良好的促进作用;企业是科技成果转化过程中的重要主体,使企业认识到科技成果的重要性,将技术创新运用于产品开发和发展生产之中,才能促进科技成果转化;高校等科学研究机构是科技成果的供给方,提升科技与创新硬实力,具备综合竞争能力,使其知识贡献与社会服务能力大大增强,提供更有优质的成果;第三方服务机构是中介桥梁,能够为广大科研工作者提供一个良好的技术支持服务平台,确保研发阶段的顺利进行。因此,科技成果转化将各个组织联结在一起,科技成果转化效率提升依赖于整个组织系统的高效运作。

2.1.3 高校科技成果转化

科技成果的提供主体有很多,所以对于科技成果转化的称谓也有差异,如果是高校提供的科技成果,并在其主导下开展了转化工作,对于这种情况一般表述为高校科技成果转化。高校是科技成果创造的重要基地,具有天然的科技成果转化优势。高校通过积极挖掘其自身科研潜能、发挥科技优势,继而对科技成果进行后续试验、研发,从而创造出新产品、新工艺,再依托市场流通获得商业价值,最终实现科技成果转化。高校科技成果转化的概念,强调的是基于高校这一平台载体,在科研、研发活动开展过程中,通过开展一系列与转化相关的活动,促使科技成果能够被市场认可,成为有益的生产力,创造相应价值。因此,高校科技成果转化是指高校围绕国家重大战略、面向社会迫切需求、利用自身科研资源,充分发挥学科优势和人才优势，在自然科学领域和社会科学领域开展前沿探索，创造一系列科技成果，而后将技术形态特征为主的自然科学成果经过基础研究、中试研发、工业应用等阶段，形成新产品、新工艺甚至新产业；以知识形态特征为主的社会科学成果经过反复推敲论证，形成新政策、新方案，最终将科技成果转变为生产力。

高校科技成果转化是一项集体作业工程，需要多方参与、协同合作完成，各个主体在转化过程中承担着不同职责、发挥着不同作用：高校是科技成果的提供方，是技术、工艺研发的核心力量，高校应当主动对接市场，创造符合市场需求的科技成果，并且做好后续转化工作；企业是科技成果的需求方，协同高校推动科技成果产业化；政府是科技成果转化的领导者，在该过程中发挥着宏观指导、协调、调控的职能，从政策上给予对科技成果转化事业的支持；科技中介机构在科技成果转化过程中表现着桥梁联结作用，通过搜集和传递科技成果供需双方的信息，帮助科技成果由供方向需方实现转化；金融机构对科技成果转化提供资金保障，比如研发资助、试验贷款等，也为科技成果接受方提供一定的配套资金和风险资金。

高校科技成果转化一般分为三个阶段，即起点（成果创造）—中段（中试环节）—终点（产业化）。第一阶段是科技成果创造形成，这个阶段也是高校科技成果转化的起点，该阶段又可细化为技术开发和样品化两个过程。技术开发是使研究阶段发现的技术、工艺更加接近工业要求，让企业能够更好地接受吸收技术发明，为科技成果价值的实现创造必要条件；样品化则是在科技成果转化推向市场之前，通过试制样品将技术发明样品化，为进一步推广乃至工业化批量生产奠定基础。第二阶段是科技成果的中试研发，是指在确定转化的科技成果后，通过一定规模的试验来解决科技成果在实现工业生产过程中可能存在的问题。中试研发是科技成果转化实现路径的中间环节，也是促进科技成果快速转化的必经之路。中试环节是科技成果的实验室形态到产业化形态的过渡，不仅仅是将实验室研究做简单的规模放大，也不单单局限于研制测样，更重要的是，进一步验证实验室研究发现的关键技术并进行优化、完善、提高，解决实验室研究忽略的诸如工艺设计、流程再造、批量试制、质量检验等生产实现问题，使科技成果技术可实现、成本可控制、市场可推广。中试的本质就是工程性的技术创新。第三阶段是科技成果的商品化和市场化。商品化是指完全实现科技成果大规模运用于工业生产，保证科技成果以商品的形态在市场上自由流通；市场化则是指科技成果被商品化后，越来越多的消费者开始接受，赢得市场广泛认可，发展机遇和发展前景良好，逐步扩大投资进行大规模生产，从而产生扩散效应，形成新的产业链条。

高校科技成果转化模式主要有以下三类：第一类是政府主导的推进模式，在该模式中，政府起到主要推动作用，高度重视科技成果转化工作，为了提升科技成果转化效率，制定可一系列有利于工作开展的法律法规，在工商、金融、税收等方面给予了许多优惠政策，甚至专门设立一批科技成果转化机构来推进科技成果转化事业。第二类是企业主导的推进模式，该模式以企业为中心，以高校研发为关键，强调高校为企业提供科技成果转化的技术支持和研发帮助，高校的任务在于利用科研优势对重大的研究课题深入研究，并与企业紧密合作，推动工业界与学术界的深度融合，自主研发新技术帮助企业实现创新发展。第三类是多元综合模式，这种模式由政府和中介组成，中介既有以学会为主的非营利性机构，也有以注册公司为主的营利性机构，他们提供技术服务和信息资源促成转化；而政府的职责在于制定各种优惠政策来指导和促进科技成果转化。

2.2 高校国有资产管理概述

国有资产是归属于国家所有的一切财产及财产权利，由国务院代表国家实施管理和监督，其中，国有企业所拥有的国有资产由国务院国有资产监督管理委员会实施管理和监督；金融企业和行政事业单位所拥有的国有资产由财政部实施管理和监督。

2.2.1 国有资产管理

国有资产管理活动主要包括以下几个方面：一是投资管理，即根据国家经济发展战略和目标，科学合理确定国有资产的投资规模和结构，确保宏观经济目标任务圆满完成；二是经营管理，通过选择恰当的经营方式，提高经济和社会效益，实现国有资产的保值增值；三是收益分配管理，即国家作为出资者，依法获得资产收益并对收益进行分配；四是产权管理，根据国民经济发展需要，对国有资产进行战略配置、对国有资产存量进行整合，防止国有资产流失。

国有资产从内容上可以分为三类：第一类是经营性国有资产，是指国家向企业投资，企业依法经营或使用国有资产，企业依法从事生产、经营、服务等活动获得利润，国家作为出资者在企业中依法拥有相应资本及其权益。经营性国有资产具有价值增值性、经营方式多样性等特征。第二类是行政事业性国有资产，是指行政事业单位占有、使用的，在法律上确认为国家所有、能以货币计量的各种经济资源的总和，其配置对象主要在非生产领域，目的是提供行政事业服务，因此其占有、使用都是无偿的。按期存在的形态不用，可以分为流动资产、固定资产、长期投资、无形资产和其他资产。第三类是资源性国有资产，如国家土地、森林、矿藏等资源，对其进行开发，能够带来一定经济价值，但因其品种稀缺、数量有限，国有资源所有权往往体现出垄断性。

对于经营性国有资产管理，我国已经建立三层式的国有资产管理模式，首先是国务院国有资产监督管理委员会，该机构是我国国有资产领导和管理的最高层级，负责进行宏观管理与监督。接下来，是国有资产经营公司，是国有资产监督管理委员会与企业之间的连接纽带，是国家授权经营的特定部门，代表国家行使决策、管理等出资者权利，实现"政企分开"。最后是不同形式的国有企业，如国有独资、国有控股、国有参股等。企业在法律授权范围内使用国有资产，进行自主经营和管理，确保国有资产实现保值增值。

对于行政事业单位国有资产管理，早在1995年出台了《行政事业单位国有资产管理办法》，该办法明确了"坚持所有权和使用权相分离原则，实行国家统一所有，政府分级监管，单位占有、使用的管理体制"。由于行政事业单位国有资产管理的主要任务是保障资产的安全和完整，推动资产的合理配置和节约、有效使用，因此管理的内容主要包括产权的登记、界定、变动以及资产的使用、处置、评估。其中，产权登记是一项确认国有资产所有权的登记制度，由国有资产具体管理部门代表国家主体开展登记活动，依法确认国有资产的所有权和本单位占有、使用国有资产的法律行为，凡占有、使用国有资产的行政事业单位，都必须办理产权登记手续。资产处置，包括调拨、转让、报损、报废等，应向相关部门报告，并履行审批手续，未经批准不得随意处置。

2.2.2　高校国有资产管理

高校国有资产是指所有权归属于国家，由高校代表国家行使使用权，能够以货币计量的各项经济资源，具体属于行政事业单位国有资产范畴，严格执行《行政事业单位国有资产管理办法》。高校国有资产是高校开展人才培养、科学研究、社会服务的基本条件保障，高校教学科研活动、行政管理、后勤保障的顺利开展，离不开国有资产的投入和持续支持。从资产来源的来看，高校国有资产形成主要是依赖于国家财政拨款，除此之外，还有自筹收入、接受捐赠等资金来源，具体表现形式为流动资产、固定资产、无形资产、在建工程、对外投资等。我国高校属于事业单位，以人才培养、科研创新、社会服务、文化传承为己任，高校国有资产与其职能密切相关，首先是非直接生产性，高校提供的教育服务，不能直接产生物质财富，也不能带来价值增值，但"十年树木、百年树人"，从长期来看，教育服务会对社会发展产生深远影响，最终体现为价值增值。比如，高校人才培养活动，每年为企业输送各类优秀专业人才，帮助企业提升经营效益，从而实现价值增值。另外，由于高校的主要职能是人才培养、科学研究、社会服务、文化传承等，高校的国有资产运营目标是以服务高校完成上述职能为宗旨，国有资产运营不以营利为目标。高校的日常运转会消耗其占有、使用的各项资源，但这些耗费又不能立即从其使用的结果中直接获得经济补偿，更多的是依靠国家财政拨款，仅有一少部分资产通过市场化经营，获得的收益作为部分补偿。高校国有资产虽然不能直接创造财富，但其对高校建设发展意义重大，从而影响到我国经济社会发展。因此，高校国有资产管理就成了高校管理中不可缺少的一部分。

我国高校国有资产管理历史悠长，伴随着我国由计划经济向社会主义市场经济转型这一历史过程。21世纪以来，我国社会经济体制不断完善，逐渐形成了以公有制为主体、多种所有制经济共存的基本体制。因此，国有资产管理体制也随着市场经济体制的完善进入一个新的阶段，呈现出逐渐规范化的趋势。从国家层面来看，我国出台了《行政事业单位国有资产管理办法》，对国有资产的申报、变更、处置和清查有了更加规范性的要求且具有可操作性，使高校更加重视高校资产的使用效率，建立高校资产管理信息化，提供准确、真实、可靠的基础数据，为进一步加强高校国有资产管理奠定基础。我国社会经济发展进入新的时代，进入一个以强化财务控制为手段、全面整合资源的新阶段。高校国有资产管理在规范化的基础上更全面、更详细，建立了系列法规、条例、制度体系，为高等教育事业发展提供了保障。我国高校由中央级和省级教育部门分别进行管理，各高校占有、使用的国有资产分别由中央、地方政府监管。因此，由于各高校所属的主管部门不同，具体的资产管理办法细则也不尽相同。比如，教育部直属高校占有使用的国有资产由财政部负责综合管理、教育部负责监督管理，教育部直属高校一般都建立了"统一领导、归口管理、分级负责、责任到人"的管理机制。

但我国高校国有资产管理也存在一些"通病",比如闲置浪费情况,一些高校每年投入大量资金采购仪器设备,审计检查却发现存在重复购置问题,固定资产投资缺乏通盘建设规划,共享共用不足,导致使用效率较低;账实不符问题,部分高校没有及时准确进行资产账目登记,同时每年度资产清查盘点、核对账目工作不细致,导致资产账实不符;管理重有形轻无形,许多高校都重视有形资产、忽视无形资产,资产管理科学与完整性不足。造成这些问题的根本原因在于缺乏完善的国有资产管理体制,特别是产权管理不清。尽管高校办学不以营利为目的,但这并不意味高校国有资产经营管理可以不计成本,由于所有权关系模糊、监管责任不明确,导致高校国有资产运营行为缺少有效监管,使得国有资产不仅不能保值增值,甚至还会出现国有资产流失的情况。对于收益如何管理尚没有统一的制度,运营得好的没有激励,运营得不好的没有相应惩罚。高校对于国有资产的管理缺乏科学的绩效机制约束,因此高校内会出现资产使用效率低、配置不合理的现象。

2.2.3　科技成果转化的国有资产问题

世界各国国情不同,科技成果转化过程中的资产管理方式也多样化,比较有代表性的是美国的"基础研究与应用研究结合模式"、英国的"政府导向模式"、德国的"完全市场模式"三种。

在美国,《拜杜法案》出台之前,政府资助科研项目所形成的专利权,一直归属于政府,受到政府资助的科研项目所产生的成果必须在政府授权下才能实施转化,复杂的审批程序导致专利技术难以转移到工业界,发明权利并未有效配置,政府拥有权利但没有转化动力,私人部门有转化意愿但没有权利。随着《拜杜法案》的实施,私人部门享有政府资助形成的科研成果专利权,同时负有申请专利的义务,从而促进了科研成果转化。通过合理的制度安排,为政府、研究机构、企业界三方合作,共同致力于政府资助研发成果的商业运用,加快技术创新,加快产业化步伐,使得美国在全球竞争中占据科技优势,创造了经济繁荣。美国各高校非常关注科技成果知识产权收益及其收益分配问题,大部分高校都制定了具体规定,明确了高校与科研人员之间的利益分配问题,科研人员能够享受丰厚报酬。

在英国,《发明开发法》规定,政府资助研发项目形成的研究成果,归属于政府所有,科技成果转化工作由国家研发公司总体负责,这一规定将科研人员排除在外,严重打击了科研人员,导致转化积极性不高,造成了科技成果市场化进展缓慢。1984年,经过大胆改革,英国政府创新了科技成果收益分配模式,根据不同类型的政府资助项目,高校和科研人员可以享有相应的科技成果收益,具体地说,来源于政府研究理事会和高等教育委员会拨款资助形成的知识产权由高校所有,除此之外,其他政府资助项目形成的知识产权归研发人员所有,高校、院系以及研发人员按比例享有知识产权收益,大大激发了转化动力。

在德国,《雇员发明法》明确规定将发明所有权赋予高校等研究机构,同时规定研究机构应当向职务发明人支付专利实施纯收入的 30% 作为报酬，对应用型研究机构采取与其产业合作绩效挂钩的经费资助政策。德国拥有世界著名的科学联合会，马普学会、弗朗霍夫学会、亥姆霍兹协会、莱布尼兹协会，科技成果转化活动依托学会统一管理，比如马普学会创新公司做出了如下规定，发明人、发明人所在单位以及马普学会各自享受收益的 30%、30%、40%。

而在我国，科技成果转化中的资产管理，包括成果的实施、转让、许可和对外投资等事项，要遵循事业单位国有资产管理规定，一是科技成果的入账要求，包括办理资产入账，资产的账、卡管理；资产按月进行折旧、摊销；办理转让、调拨、捐赠、核销、对外投资等报批工作；开展资产统计；定期进行资产清查。二是科技成果转让实施，具体包括成果评估、定价、转化等工作流程，规定细致、流程复杂。三是产权登记，产权登记体现出了"国家统一所有、单位占有使用"的体制，是单位落实国有资产管理的管理制度。但在实际管理活动中，由于监管不力，常常导致国有资产的产权登记并不能如实反映国有资产的动态变化过程，也存在着为了避开资产监管，刻意操纵产权登记的行为。四是投资与监管问题，清晰的产权界定和保护是科技成果转化的前提，清晰的产权归属会影响科技成果转化方式、投融资来源、商业化企业治理结构、产权配置和经营机制等以及后续的成果转化收益的分配。五是利益分配问题，对科技成果转化所形成的收益的所有权和占有权进行合理划分，科学的利益分配激励机制有助于刺激相关人员转化积极性，调动更多人员参与到科技成果转化工作中来，从而能够产出更多符合市场需求的科技成果，进而推动科技成果实现产业化。

2.3 相关理论基础

2.3.1 系统管理理论

系统管理理论是基于系统论、信息论、控制论等理论原理，把管理看作是一个完整系统，以实现优化管理的理论。最初表现为"两因素论"，即企业是由人、物两因素组成的系统，后来发展为"三因素论"，即包括人、物、环境三因素构成[1]。该理论强调系统是由相互联系的要素构成的，具有整体性和层次性，认为企业基于自身组织目标，整合人力、物力、财力各项资源，形成了一体化系统。与此同时，企业是社会系统中的一个子系统，受到政府、投资者、顾客、竞争者、供应商等外部环境的影响，只有与周围环境的相互影响中才能实现平衡。企业被认为是一个投入—产出系统，投入的是人、财、物等各项资源，产出的是产品（服务）。系统管理理论既关注组织内部的协调，也注重组织外部的联系，把企业内外作为一个动态联系的有机整体，在一定程度上，使企业人员不至于忽视了整体目标，也不至于忽视自己在组织中的地位与作用，只有增强群体凝聚力，才能提高组织整体效率。

高校科技成果转化是一个复杂的投入与产出系统，集科学研究、发明创造、转化实施、推广应用一体的系统性工程，在这个过程中，离不开人（科技成果转化人员）、物（科技成果）、环境（政策制定环境、中介服务环境）三要素，表现为典型的"三因素论"。政府、高校、企业、中介机构等主体，在高校科技成果转化过程中各自发挥作用，各个主体之间相互作用、相互融合，共同影响高校科技成果转化效率。

2.3.2 资源依赖理论

资源依赖理论强调一个组织的存活目标,是要降低对外部关键资源供应组织的依赖程度,与周围环境相互依存、相互作用,从周围环境中吸取资源,掌握关键资源[2]。组织为了生存,必然会与周围环境存在资源交换关系,形成对外部环境的依赖。组织在与周围环境互动过程中,获取到生存发展必需的资源。因此,组织为了生存发展,必然会利用周边环境、获取所需资源,实现共存发展。

按照资源依赖理论的观点,更加有助于理解政府以及市场在高校科技成果转化层面的影响。高校为了更好地运营发展,也必然会和外界进行资源交换。高校科学研究能力逐渐强大,要通过多种方式获取科研资源,如财政拨款、企业资源获取、专业人才争夺等。立足于资源依赖视角,为了更好地推动高校开展科研活动从而促进国家科技进步,政府必须提供强有力的政策保障和相应的发展支撑。政府为了更好地推动科研发展,近年来不断加大投资,为高校开展科研活动奠定了坚实的财力基础。此外,政府制定了一系列"放管服"科研政策,也为更好地推动高校科研活动起到了积极作用。然而,单纯依靠政府的支撑,高校科研发展很难实现可持续性,这也要求高校必须将目光转向市场,通过市场获取更多资源,通过市场资源和高校人才、技术以及知识资源间的交换,促使两者形成了依存关系。无论是政府、高校、市场,相互之间的资源交换,皆是一种双向行为。因此,政府提供大量科研资源的同时,高校也必须重视科技成果的实用性和市场转化问题。

2.3.3 产权理论

产权理论最早由诺贝尔经济学奖获得者科斯提出,故又称为"科斯定律"。科斯在《企业的性质》中谈到了企业生存发展的问题,提到交易费用的概念,企业为了节省交易成本,通过利用内部契约代替外部交易。而后,科斯在《社会成本问题》中说明当交易费用为零时,外部性问题可以通过产权界定方式来解决。如果不存在任何交易成本,那么产权如何安排就显得不是那么重要,理性经济人通过契约达成交易,实现资源配置最优[3]。但现实情况是不存在交易费用为零的情况,权利的初始配置将会对资源配置效益产生影响。产权理论认为,企业产权人享有剩余利润占有权,从而激发产权人有较强的动机去不断提高企业利润,一旦失去产权,则会使企业变得效率低下、资源配置无效。因此,能够保证经济高效运行的产权安排应当具有以下特征:明确性,即包含财产所有者各种权利和义务的一套完整体系;专有性,因一种行为而产生的收益或损失都直接与有权采取这一行动的权利人相联系;可转让性,权利可以转让被运用到最有价值的、最需要的地方;可操作性,制度安排与权力界定能够实践可操作。

产权理论认为实现资源最优配置的前提是产权明确,这一理论为科技成果确权提供了理论依据。科技成果具有国有资产属性,由高校代表国家持有,如果不转化,资产实际上是隐性的,不能增值;即便进入转化环节,公有实际上是无人所有。由于科技人员与科技成果天然地具有"亲子关系",产权不清必然会降低科技人员转化意愿,不太会关心转化事宜,自然影响转化效率。因此,权属清晰是确保转化实施的关键。科技成果转化从本质上来说是高校科研人员和企业就科技成果完成人所掌握的科技知识进行交易的过程，交易成本直接会影响交易行为。因此，如何减少交易费用，有利于确权，促进成果转化是至关重要的问题。在这个过程中，涉及信息费用、谈判费用、制度费用、委托代理费用等，产权界定不合理则会阻碍交易的发生、成果的转化。

2.3.4 三螺旋理论

三螺旋概念最早出现在生物学领域。基于三螺旋概念，西方学者提出了著名的官、产、学三螺旋理论，用于分析政府、产业、高校之间的关系动力，并解释政府、企业、高校三者在知识经济时代的新关系[4]。政府、企业、高校是知识经济时代环境创新的三大要素，它们根据相互关系联结起来，三方力量相互交叉影响产生了三螺旋关系，即三螺旋理论。三螺旋理论被认为是一种创新研究新范式理论，认为高校与企业的需要保持良好的合作关系，而政府起到指导和协调作用，在系统构建中承担着相应责任。在该系统中政府、企业、高校三者各自承担的职能以及各自的作用不同，在不同国情和社会经济背景下，三者的作用和地位不同，但均是构成创新三螺旋系统的关键要素，为了维持系统正常运转，缺一不可。三螺旋系统由三个部门组成：高校和其他一些知识生产机构；产业部门，主要是高科技型创业公司；政府部门，包括国家和地方不同层面的职能部门。三个部门各自履行相应职能，如知识创造、财富创造、政策指导等，相互关联还衍生出一系列新的职能，孕育了以知识为核心的创新型社会。因此，该系统不强调谁是主体，而是强调政府、企业、高校的合作关系，三者的共同目标是创造社会价值，三者都有可能成为系统中的领导者或参与者，三者相互作用、互惠互利。

三螺旋理论描述一种在创新过程中的社会发展趋势，即政府、产业界、学术界的日趋融合，这种"政府—高校—企业"的体系，也是高校科技成果转化的核心关系。随着知识经济时代的发展，以高校为主的研究机构成为科技创新成果的产出源，能够提供科学研究和技术创新，形成了知识区域与创新之源，为了使研发也更趋向于实用导向，企业研发机构的研发能力也得到加强。高校与企业之间密切合作、达成战略共识，汇聚了资源优势，集中力量开展创新活动，实现了资源的整合和优化配置，从而衍生出新的组织体系，既有企业的特征也有高校的特点，同时进一步加强与政府的联系，填补了各主体之间的空隙，使三螺旋系统严密与高效运转。以高校为主的知识资产，在成熟的创新区域内，通过与企业联系形成研发机构，建立起与市场密切相关的创新组织，借助政府的政策指导，在区域内发挥技术创新辐射作用。

2.3.5　创新抗拒理论

创新抗拒的概念源于心理学。创新抗拒是指当人们被强行加入创新因素后就会不自觉地出现抗拒的认知和行为，这是人们遇到新生事物的本能自然反应[5]。早期研究将创新抗拒引入消费者研究领域，认为创新抗拒是一个过程，对于创新事物，消费者由习惯性地抗拒发展到主动抵抗，产生抗拒的原因可能是害怕现状的改变，抑或是与自身习惯不一致导致的。心理学认为的创新抗拒可以分为习惯性创新抗拒、风险性创新抗拒、双重性创新抗拒，依据人们抗拒行为的程度差异，会表现出不同的抗拒行为。比如：拒绝采用，由于保守主义使得在现状将要改变时会采取拒绝的行为来抵制，人们在主动了解新产品后对其不感兴趣甚至厌恶，但这并不代表人们缺乏创新意识；延迟采用，最初接触新产品时并不排斥，但受到时机、能力和了解程度等因素影响，导致不急于采用，而是认为需要等一段时间后更为适合采用，延迟是一个决策过程，并不意味着对于创新的最终态度；反对采用，是人们比较极端的创新抗拒反应态度，往往认为新产品不合适，负面影响占据了主导，从而抵制创新，甚至会加入反对新产品扩散的行列中，影响新产品创新的成功。

创新抗拒理论经常用于研究新产品扩散问题。创新扩散和科技成果转化有相似之处，两者的核心思想是创新的传播及应用。高校科技成果创造者不愿意创新、转化与消费者拒绝采用、延迟采用、反对采用的情形相似。高校科技成果转化是一项周期长、收益高又伴随着高风险的知识或技术扩散的过程，高校科技成果转化过程受到政府层面的法律法规、企业层面的合作信任、社会层面的服务体系、学术层面的科研体制的多重影响，一旦处理不当，很容易形成转化抗拒障碍。高校作为科技成果的供给者，受限于学术科研体制，出于对科技成果转化的成本控制与风险规避，不关心、不愿意科技成果转化，或者等待合适的时机以后再转化，表现出拒绝转化和延迟转化。

2.3.6　交易成本理论

著名经济学家科斯首次提出了"交易费用"的思想，而后经过发展研究形成了交易费用理论。所谓交易成本，指在一定的社会关系中，人们彼此合作达成交易所支付的成本，也即人与人之间的关系成本，由于社会存在人类交往互换活动，必然会产生交易成本。交易双方在交易过程中需要付出金钱、时间、精力代价，用于寻找交易对象、订立合同、执行交易、洽谈交易、监督交易，产生搜索、谈判、签约、监督等成本。交易成本成因源于人与环境因素交互影响下所导致的市场失灵造成交易困难，由于存在有限理性、投机主义、不确定性、信息不对称等因素，在追求利益过程中，因身心、智能、情绪等限制，容易产生彼此不信任心理，且交易环境中充满各种不可预期，造成交易困难、增加交易成本。由于存在有限理性、机会主义等使交易费用较高的因素，为了降低交易费用，企业作为代替市场的交易形式，不同企业组织目的是节约交易费用。

科技成果转化是一种交易活动，基于交易成本理论，在交易过程中存在着进入市场、信息检索、沟通谈判、履约执行、机会风险等成本。比如在专利交易环节，存在着与专利技术的拥有者谈判的成本、与出版商交易的出版成本、取得有关研究方法的信息成本、获取研究数据、工具等材料成本；在转化过程中，存在着难以寻找最优产权的搜索成本、产权价格交易的谈判成本、合同执行的监督成本等。因此，高校科技成果转化的交易成本集中体现在以下阶段：首先是成果价格难以确定以及信息不对称，导致搜寻成本较高；然后，由于机会主义、不确定性和复杂性，导致转化合作契约复杂引发高昂的合同成本；最后，成果需要推广、运用，需要多方介入，投入大笔资金，导致执行成本较高。总的来说，高校科技成果转化交易成本主要表现为搜索成本、沟通成本、谈判成本和履约成本。

【参考文献】

[1] Ludwig von Bertalanffv. General System Theory: Foundations, Development, Applications[M]. George Braziller, 2015: 10-11.

[2] 杰弗里·菲佛, 杰勒尔德·R. 萨兰基克. 组织的外部控制[M]. 北京: 东方出版社, 2006: 3.

[3] 科斯. 企业的性质[A]. 姚海鑫, 等, 译.//企业的性质——起源、演变和发展[M]. 北京: 商务印书馆, 2007: 22-40.

[4] 王书素. 政产学合作模式研究——基于三螺旋理论的视角[D]. 广州: 中山大学, 2012.

[5] 李颖. 高校科技成果转化障碍及政策研究——基于创新抗拒的视角[D]. 武汉: 武汉科技大学, 2016.

第 3 章 研究现状

西方发达国家职务发明科技成果转化体制机制建立较早且较为完善，如美国的《拜杜法案》，英国的《发明开发法》，瑞典的"教授特权"制度等。而国内，由于职务科技成果的国资属性，一方面其转化激励不足，甚至会受到国有资产流失或低价出售的质疑，造成成果所属单位及其负责人"不敢转"，宁愿将职务科技成果"锁在抽屉里"；另一方面，由于职务发明科技成果转化需要耗费大量的时间和精力，不少发明人及其团队更愿意去申请新的课题，对于现有成果，则"坐等"单位去转化。职务发明科技成果由发明者创造并由其掌握，发明人参与成果转化的积极性、参与转化过程的程度，直接决定成果转化成功率和转化速度。探索发明人及其团队更愿深度参与的产权制度，打通职务科技成果转化中的"中梗阻"，就显得尤为迫切。2010年，西南交通大学第一个在全国开展高校职务科技成果权属所有制改革探索，四川省和成都市对这一改革试验给予了支持，成效显著，并引发社会广泛关注。支持论认为，该项改革将"先转化、后确权"改变为"先确权、后转化"，是科技体制改革领域"小岗村"试验。质疑论认为，该项改革存在"合法性、合理性、必要性、操作性"等四方面问题[吴寿仁等（2017）、陈柏强等（2017）]。康凯宁等（2018）深入阐述了职务科技成果混合所有制的基本逻辑：创新驱动发展、人才驱动创新、产权驱动人才，并回应了部分学者质疑。

《中华人民共和国促进科技成果转化法（2015年修订）》基本解决了科技成果"三权"（使用权、处置权和收益权）在国家与单位之间的配置问题，而职务科技成果产权在单位与科研人员之间的配置在法律层面一直没有得到解决。

创造科技成果的发明人作为研发主体，探索赋予其职务科技成果产权和长期使用权，承认其价值创造的主体地位，这对于提高职务科技成果转化效率意义重大。2020年5月，科技部等9部门颁布《赋予科研人员职务科技成果权属或长期使用权试点实施方案》，标志着职务科技成果产权在单位与科研人员之间配置进入试点实施阶段。

从职务科技成果"三权"改革到"赋予科研人员职务科技成果权属或长期使用权试点"的过程中，涌现了一批开展职务科技成果产权配置的改革探索实践。其中，比较有代表意义的是职务科技成果权属混合所有制改革（见图3-1），这项改革由西南交通大学在全国高校率先探索开展，其核心措施为首次从学校制度层面明确规定，学校与职务发明人作为平等的主体，共同参与职务科技成果产权分配。混合所有制改革在全国产生了广泛影响，被誉为科技领域的"小岗村试验"，先后登上中央电视台《新闻联播》《经济半小时》栏目，逐步"走出"西南交通大学，被列入四川首批全面创新改革试验经验成果。随后，该项改革被复制推广，2018年底国务院办公厅印发的《关于推广第二批支持创新相关改革举措的通知》，明确将"以事前产权激励为核心的职务科技成果权属改革"在上海、京津冀、广东等全面创新改革示范区进行推广。

党的十八大和十八届三中全会明确提出要"完善各类国有资产管理体制"，当前政府将国有资产管理体制改革的重点放在了经营性国有资产和行政事业单位国有资产上面，以"职务发明科技成果"为代表的资源性国有资产管理体制的改革严重落后于市场经济的发展速度，阻碍了国有经济的健康发展。探索高校国有资产管理体制对职务发明科技成果转化的影响是一项旨在尊重科技成果发明人劳动成果、提高发明人科技成果转化积极性、促进职务科技成果有效转化的创新性研究。

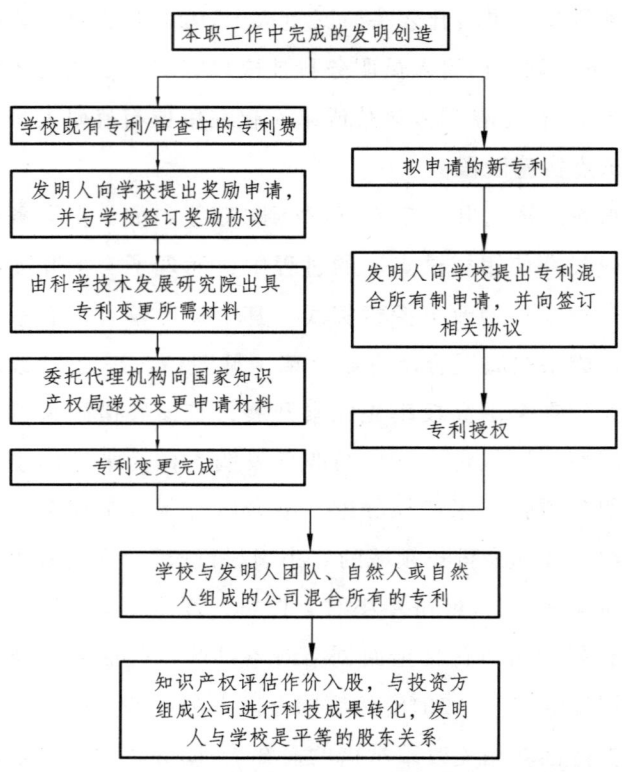

图 3-1　西南交通大学职务科技成果权属分割流程

3.1　国内外国有资产管理体制研究

根据财政部界定,行政事业单位国有资产是行政事业单位履行职能,保障政权运转以及提供公共服务的物质基础。作为我国财政管理的重要基础和有机组成部分,近年来,我国行政事业单位资产管理工作取得明显成效,确立了"国家统一所有,政府分级监管,单位占有、使用"的管理体制,初步构建了管理制度框架，逐步规范资产配置、使用、处置等各环节管理。但是，在当前全面深化改革和经济社会发展的新形势下，现行行政事业单位资产管理仍然存在一些亟待解决的突出问题。如：各级财政部门与相关部门之间管理职责没有很好落实，制度体系不够健全；资产管理与预算管理相结合机制有待进一步完善，资产管理的资源配置职能没有充分发挥；资产使用、处置管理等需要进一步规范，管理方式有待改进；管理基础薄弱，部分单位特别是基层单位业务力量相对不足，资产管理队伍建设需要进一步加强等。

3.1.1　我国国有资产管理的体制历史演进

我国的国有资产管理体制改革同国家经济体制改革密不可分。随着经济体制从计划经济逐步向市场经济转变，我国国有资产管理体制的发展方向是市场化、集中化、法治化，还有就是政企分开、政资分开、国有资产所有权与企业法人财产权分开。从时间上划分，大致经历了以下四个阶段：

第一阶段（1988年之前），计划经济体制下国有资产管理阶段，其主要特点是政府各部门直接管理甚至经营国有资产。

第二阶段（1988—1998年），国资管理体制改革初步探索阶段，其主要特点是，加强了国有资产基础管理（1988年3月成立国家国有资产管理局），进行了授权经营探索，一些地方（深圳、上海、武汉）尝试建立新的国资管理体系。

第三阶段（1998—2003年），国资管理体制孕育新阶段，其主要特点是，进一步推进政企分开，探索集中监管、加强监管。

第四阶段（2003年至今），新国有资产管理体制确立阶段，其主要特点是，建立统一的国有资产出资人机构，落实主体责任。

3.1.2 国外关于国有资产管理体制的研究

国外国有资产管理模式是分层级的，在管理上一般有以下两种模式：一种是"三层次模式"，即设立中间机构，如国有控股公司，由政府授权经营，管理国有企业。国有控股公司对下属公司进行产权管理，以此来确保国有资产保值增值率。这种模式以新加坡、意大利、奥地利、英国、西班牙等国家为代表。另一种是"两层次模式"，不设立中间机构，政府采用分类的方式管理国有企业，如美国、加拿大、法国、德国、巴西等国家就采用这种模式。

国外国有资产的管理按照权力的集中程度分类，大体可以分为集权管理模式、分权管理模式和统分结合三种模式。一是集权管理模式，即对国有资产的管理用高度统一的管理模式，主要表现在将市场配置资源作为管理的基础，政府在对资源进行配置的时候采取计划手段和行政手段，以实现国家的经济发展的目标。日本、韩国等国家采取此种管理模式。二是分权管理模式，即对国有资产的管理采取分权法，不设定统一的标准，用自由竞争的方式，主要靠市场的调节作用来对国有资产进行管理。美国、瑞典等多采用分权管理模式。三是统分结合的管理模式。这种模式混合了集权管理模式和分权管理模式二者的主要特点，一方面，给予企业在管理上充分的自主权并参与市场的自由竞争；另一方面，政府用"看得见的手"在必要的时候对企业的经营管理行为进行宏观调控，以便掌握整个局面，控制经济发展的方向。

3.1.3 国内关于国有资产管理体制的研究

我国现行行政事业单位国有资产数量庞大,从中央到地方分为多级政府,如何对行政事业单位国有资产进行管理,采取什么模式进行管理,也是一直以来被长期讨论的重要问题之一。为了进一步加强行政事业单位国有资产的管理工作,各地政府部门对国有资产管理模式进行了一系列卓有成效的改革探索和创新,由于各地实际情况不同,国有资产管理运营的范围有所区别,管理方式也存在许多差异,但仍有许多共同点,主要是:以财政部门为主导的管理体制,从改革体制入手,成立专门机构,实现产权集中管理,建立调剂制度,均等化配置资源,资产统一运营,收益集中管理等。

目前,国内行政事业单位国有资产管理主要有两种管理模式:一种是由财政部门直接对国有资产进行管理,各行政事业单位的国有资产由财政部门统一支配,采取的是"两级"的管理模式,广西南宁市的改革实践是比较典型的集中管理模式。另一种是国务院国有资产监督管理委员会、国有资产管理局、运营公司"三级"行政事业单位国有资产管理模式,由于各地的实际情况存在差异,具体的管理体制也存在各种形态,采取这种模式的主要是四川、上海、山东等地。

3.2 职务科技成果混合所有制改革研究现状

当下所说的职务科技成果混合所有制,源于现代企业制度的标准化形式—股份制，这一制度可以使公有的、非公有的产权，融合到分散存在的市场主体—企业的内部产权结构里面去，寻求相关利益主体的共赢。随着职务科技成果混合所有制改革与实践不断深入推进，关于其内涵、发生机理、合法合理性、存在争议以及完善建议等问题，已经引起学术界广泛关注与研究。

3.2.1 数据来源与研究基本现状

1. 数据来源

学术刊物是学术发展到一定程度的重要产物和重要动力，本研究以中国知网（CNKI）为数据库来源，以"科技成果混合所有制改革"为关键词进行搜索，为了尽可能收集高水平研究文献，选择中文社会科学引文索引（CSSCI）（含扩展版）搜录来源期刊中的文献，并通过搜集到的文献溯源追踪相应研究文献，最终选定 41 篇研究文献，其中期刊文献 36 篇，硕士学位论文 3 篇以及相关研讨会摘要 2 篇。

2. 研究基本现状

从发表文献时间分布情况来看，从 2011 年、2015 年、2016 年各 1 篇到 2017 年的 10 篇、2018 年的 13 篇、2019 年的 12 篇以及 2020 年的 11 篇，文献数量处于上升趋势（见图 3-2），越来越受到学界广泛关注。研究发现，学术界对职务科技成果混合所有制改革的研究与西南交通大学权属改革实践大致处于同步阶段。2016 年 1 月，为了科学合理规范单位与科研人员的产权关系，激励科研人员积极参与成果转化，西南交通大学出台了《西南交通大学专利管理规定》，明确"学校与职务发明人就专利权的归属和申请专利的权利签订奖励协议，规定或约定按30%∶70%的比例共享专利权。职务发明人以团队为单位的，其内部分配比例由团队内部协商确定"；2017年5月，四川省将混合所有制改革在省内推广试点[1]。如上文所述，2018年12月，国务院将"以事前产权激励为核心的职务科技成果权属改革"在全国8个全面创新改革示范区进行推广。

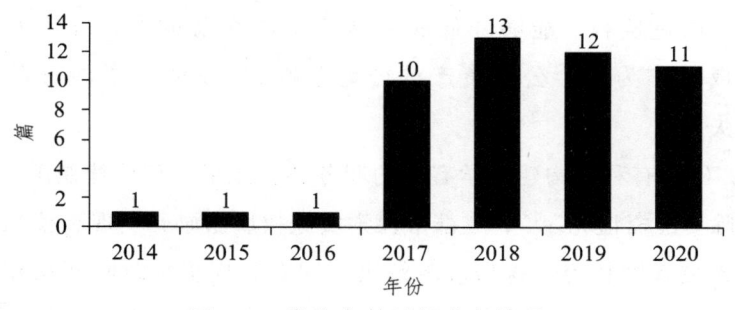

图 3-2　发表文献时间分布情况

3.2.2　职务科技成果混合所有制改革达成共识

职务科技成果权属混合所有制改革研究达成了一些共识，主要包括改革的价值、改革的发生逻辑、混合所有制改革内涵、混合所有制改革的正当性和混合所有制改革的完善。

1. 改革的价值

（1）职务科技成果权属混合所有制是"先分田、再分粮"，能有效激励科研人员。准确界定职务科技成果产权，是市场机制发挥作用的前提条件，而且直接影响着职务科技成果的利用效率[5]和科研人员转化积极性。职务科技成果混合所有制改革能有效激发科研人员创新创业的积极性，让创新创业者都有"用其智、得其利、创其富"的空间，积极作用值得肯定。确权能增强科研人员技术转化动力和对接市场技术需求的积极性。职务科技成果产权采取混合所有制模式，将所有权实质上下放给科研人员，确保了其收益权和参与转化的积极性[2]。

还有研究者认为，职务科技成果权属混合所有制模式兼顾了"发明人主义"和"雇主主义"，达到了雇主与雇员利益之间的平衡和谐，通过产权驱动创新实现创新驱动发展战略；通过确权，能够降低成果转化中的交易成本，避免了科技成果作为社会公共资产的公地悲剧，以及防止了国有资产流失。

（2）有利于构建科学有效的职务科技成果产权法律制度。为破除"国资诅咒"[3]，成都市探索实施权属激励，实现高校和科研人员激励相容。这项改革解决了国有股权奖励时间冗长和手续复杂的问题，在专利申报阶段，明确职务发明人和单位共担申报费用，达到倒逼职务发明人提高申报专利质量的目的[4]。此外，这项改革还解决了职务科技成果市场化定价问题、评估作价入股时股权奖励问题、国有部分的保值增值问题，甚至会使科研方向、科研选题向市场化方向转变[5]。

对于完善法律建设方面，有研究认为可以进一步完善专利制度，将职务科技成果的专利权或专利申请权在科研单位与科技人员进行更为有效的制度划分，保障双方的技术权益。也有对修订《专利法》第六条提出了具体建议，将职务发明权属由"单位所有"修订为单位与发明人"可以约定所有"，如果不约定，由单位享有申请专利的权利和专利权。也有研究认为，职务发明制度再改革和《专利法》第六条职务发明制度修改应当依照新利益平衡理论，并完善相应的规则体系[6]。

2. 改革的发生逻辑

在现有研究和实践中,产权分割论已经是当下最为重要的经验命题,基于科斯交易成本理论,以国有资产管理所带来的程序性障碍为基础,经验论者认为"产权不明晰以及交易成本"主要是由制度因素所致[7]。混合所有制改革的发生逻辑即借鉴域外经验,从科技成果产权配置视角,依法依规确定、明晰产权,破解制度建设困境,降低转化交易成本,提高成果转化率。

(1)域外经验启示。西方发达国家关于政府财政经费资助形成的专利转化政策为我国提供了启示,尤其是美国的《拜杜法案》。在法案颁布之前,美国同样面临着财政经费资助形成的成果转化难问题,美国的科技创新成果实行"谁投入,谁所有、管理、受益"的运行模式,使得研发者的创新意识严重受挫,从而使得美国的科技利用率低于4%,为了激励成果转化,1980年《拜杜法案》正式颁布实施。该法案改变了过去由政府资助的研究成果的知识产权规则,允许大学拥有发明的所有权,其目的在于激励大学科研发明的商业化利用,且成果的归属主体只能是高校、非营利组织及中小企业,受助的大企业产生的知识产权则不受法案的保护;《拜杜法案》还有一个重要特点是政府下放权力,交由大学和发明人自主决定是否进行科技成果的专利申请、获得专利后的转化与利益分配。可见,美国大学科研人员和大学处于同等的法律地位,可以就成果产权进行约定,这与我国国有资产体制下直接法定职务科技成果权属归国有,在不改变职务科技成果国有权属前提下教师才有资格参与转化。

借鉴《拜杜法案》的思路,我国于2007年修订了《科学技术进步法》,将利用财政性资金设立的科学技术基金项目形成的知识产权授权项目承担者依法取得。因此，《科学技术进步法》被喻为中国版的《拜杜法案》。而职务科技成果权属混合所有制改革实践者并不同意这种说法，"因为《拜杜法案》的核心理念是政府资助项目产生的科技成果所有权不再为政府所代表的国家所有，而《科学技术进步法》只是将科技成果所有权赋予了代表国家持有的项目承担单位，并没有赋予发明人，因此科技成果依然属于国有，因此不能说《科学技术进步法》是中国版的《拜杜法案》"[8]。遵循和吸收《拜杜法案》的经验，职务成果权属混合所有制改革者充分利用《促进科技成果转化法》赋予高校的职务科技成果处置权，通过学校与科研人员协议"约定"职务成果的权属及相关权利义务，其核心思想与《拜杜法案》如出一辙，即将科研人员纳入产权配置主体。

（2）"国资诅咒"的机理。有研究者将国有性制约着高校职务科技成果转化，称为"国资诅咒"，反映了职务科技成果产权归属与激励成果完成人之间的权属冲突，它直接导致职务科技成果的入股型转化陷入这样一个怪圈，即"国有资产严格管理—成果所有权归国有单位—难以精准激励科研人员—成果无法或非法转移转化—实质性国资流失"。"国资诅咒"直接触及职务科技成果转化的制度困境，现有研究进一步深化和丰富了我们对这种国资困境的认知。

（3）高校职务科技成果所有权困境。《专利法》第六条第一款明确了职务发明专利的形成条件之一，即"主要是利用本单位的物质技术条件"。《专利法》第六条第三款则做了权属约定前提条件，即"利用本单位的物质技术条件"。这两款规定一定程度上带来了理解的歧义与模糊，包括法学研究者、律师、法官等实践层面的人存在不同的理解，甚至是完全相反的理解。

在所有权不完整方面，职务科技成果的国有属性要求高校在处置、使用成果时要遵循国资的严格管理规定和限制，"不变更职务科技成果权属的前提"的成果完成人参与转化的规定使得高校不具有职务科技成果所有权的处置，高校拥有不完全的所有权。此外，职务科技成果创新主体（科研人员）与产权主体的不一致，职务科技成果作为公共产品的非对抗性、非排他性与市场交易产权的确定性（绝对排他性）的不一致，国家的抽象性存在与市场主体具有利益化、人格化的不一致，都表明国家享有公立高校知识产权存在明显弊端。

（4）高校职务科技成果处置权困境。按照国有资产管理办法，高校职务科技成果处置、使用和转让时，要履行严格的审批、评估备案或者核准手续。通过制度规定流程而规避风险，然而在实践中处置权由大学内部多个部门行使，导致了处置的烦琐低效，为了抑制投机主义行为，国家必然会加大对国有股转让的限制，行政干预在一定程度上剥夺了大学的转化自主权；2019年修订的《事业单位国有资产管理暂行办法》明确规定"事业单位科技成果类国有资产的处置、核销不需主管部门、同级财政部门审批或备案，以及转化给非国有企业的由单位自主决定否评估"，在一定程度上优化了现行国有资产管理环境，但同时也对单位内控制度的完善等提出了更高要求[9]。

（5）高校职务科技收益权困境。高校科技成果转化收益分配制度缺位是造成转化难的重要原因。如《企业国有产权转让管理暂行办法》对于国有股权转让给个人的行政手续非常复杂，审批时间周期比较漫长；财政部、科技部尚未出台高校院所以技术入股形成的国有股在企业上市时豁免向全国社会保障基金转持的有关政策。成果转化奖励制度的设计未能满足相关主体的利益，大学中专门从事科技成果转化的主体在收益分配中一直被忽视；现有改革方案未能准确衡量团队中单个科研人员贡献度必定会影响收益再分配[10]。企业委托项目多以横向科研经费的形式进行管理，经费财务报账中明确规定有工资性收入的课题组成员不能发放劳务费，这也大大降低了科研人员积极性。

（6）公立高校的身份困境。高校处于行政管理体制之下，职务科技成果转化涉及国资管理部门、高校隶属部门、高校、职务发明人和科研团队间的博弈，各方既有自身的利益考虑，同时又受自身的管理机制约束，而实际由多个部门行使处置权导致责任主体不明和效率低下。科技成果转化不是高校第一要务，科技成果转化成功与否，对高校压力不大，动力更小，因此高校官方主导的科技成果转化雷声大，雨点小。与技术进步的主体不是高校而是企业的道理一样，科技成果转化主体也不可能是高校这类非营利事业法人，只可能是发明人。因此，必须通过职务科技成果所有权改革，使发明人成为科技成果转化的主体。

（7）其他有关配套制度困境。考核方面，当前对高校办学考核指标中，未针对科技成果转化率做出具体规定，对教师考核多数追求论文发表和承担项目，弱化了对成果转化考核，即便是专门从事转化的人员也以论文项目为晋升条件，影响了高校院所转化动力。价值评估是转化的基础，职务科技成果转化的评估制度尚未健全，存在着内容不细致、可操作性弱的弊端，制约着成果进入市场。

针对这些困境，国家有关部门也颁布了相关政策法规予以解决，如关于科技成果评估，2020 年 5 月，科技部等九部门印发《赋予科研人员职务科技成果所有权或长期使用权试点实施方案》(国科发区〔2020〕128号),试点单位将科技成果转让、许可或者作价投资给国有全资企业的,可以不进行资产评估;转让、许可或作价投资给非国有全资企业的,由单位自主决定是否进行资产评估;同时提出了探索和完善科技成果转移转化的资产评估机制[11]。

关于科研人员评价问题,2020年2月,科技部印发《关于破除科技评价中"唯论文"不良导向的若干措施(试行)》(国科发监〔2020〕37号)[12],强调对科研人员成果进行分类考核评价,基础研究类科技活动,实行论文评价代表作制度;对于应用研究、技术开发类科技活动,注重评价新技术、新工艺、新产品等,不把论文作为主要评价指标和依据。此外,2020年2月,教育部等三部门印发《关于提升高等学校专利质量促进转化运用的若干意见》(教科技〔2020〕1号),明确提出高校要强化质量和转化绩效导向,在职称晋升、岗位聘任等坚决杜绝简单以专利申请量、授权量为考核内容,加大专利转化运用绩效权重[13]。

关于高校技术转移机构建设,2020年5月,科技部、教育部印发《关于进一步推进高等学校专业化技术转移机构建设发展的实施意见》(国科发区〔2020〕133号),提出了建立技术转移机构、明确成果转化职能和建立专业人员队伍等重点任务[14]。

综上所述,职务科技成果的国资属性导致了职务科技成果权属制度困境、身份困境,使成果转化产生了较高的交易成本,进而降低了科技成果转化率。职务科技成果的权利配置的单位主义模式,强调公平价值导向,为防止国资流失,而通过法定单位权属所有,却忽视了成果利用和产权的流动,导致了科技成果转化的低效[15]。为了解决高校职务科技成果产权的不明晰以及交易成本的存在的问题，职务科技成果权属混合所有改革应运而生，将成果产权在高校、大学科技园、科研人员团队、二级院系之间进行配置，能极大地调动各个利益主体从事和参与成果转化的主动性和积极性，这便是职务科技成果权属混合所有改革的发生逻辑。

3. 混合所有制改革内涵

（1）"混合"的政策话语背景。"混合所有制"一词来源于推进社会主义市场经济体改革的政策实践。"混合所有制"最早出现在党的十五大报告。党的十六届三中全会通过的《中共中央关于完善社会主义市场经济体制若干问题的决定》提出，发展国有资本、集体资本和非公有资本等参股的混合所有制经济，实现投资主体多元化[16]。党的十八届三中全会通过的《中共中央关于全面深化改革若干重大问题的决定》进一步提出积极发展国有资本、集体资本、非公有资本等交叉持股、相互融合的混合所有制经济[17]，混合所有制经济就是利用市场机制使资源配置更合理、更有效，提高资源配置效率。职务科技成果混合所有制是混合所有制经济实现的一种形式，通过单位与职务发明人共有知识产权，形成单位与职务发明人的利益共同体。由此可见，职务科技成果混合所有制改革在理念、参与主体、实现方式等方面，与混合所有制经济具有一定的相似之处。

此外，也有研究认为，职务科技成果混合所有制改革与混合所有制经济有不同之处。改革推动层级不同，混合所有制经济是一种自上而下的顶层设计，职务科技成果混合所有制改革是一种自下而上的探索；改革目的不同，混合所有制经济是为了克服国企存在的政企不分、所有者缺位、效率低下等弊端，丰富中国基本经济制度的实现形式；职务科技成果混合所有制改革的目的是解决高校职务科技成果转化难问题。

（2）职务科技成果混合所有制改革内涵。有研究根据《西南交通大学专利管理规定》将混合所有制定义为"学校和科技成果完成人可以对执行学校任务或利用本学校物质技术条件形成的职务发明创造的知识产权的归属进行约定，按照一定比例共同持有知识产权的混合所有制"。高校职务科技成果多为专利，也有研究将其定义为专利权的混合所有制，即"将原本归单位所有的职务发明创造的专利权由单位与发明人共同所有，再通过职务科技成果混合所有制对专利权评估作价入股，成立科技公司实现科技成果转化"。

（3）混合所有制改革的主要做法。针对既有专利，将职务发明专利所有权转让给高校全资所有的科技园公司，再由科技园公司向国家知识产权局出具专利权人变更申请，实现由学校独有向学校与科研团队混合所有；针对新专利，由学校与科研人员共同申请实现混合所有。此外，还明确规定共有主体的身份及其享有比例，较为详细地规定科技成果的定价与收益分享机制。此种操作有三个优势，即"先确权、后转化"比"先转化、后确权"好，专利权比奖励权好，国家、个人混合所有比国家所有好[18]。

（4）职务科技成果混合所有制改革的认识论。改革倡导实践者康凯宁先生依据经济学理论，提炼出了职务科技成果权属改革的理论基础，被称为"三个认识论"：一是主体论，由于高校的非营利性，基本职能为人才培养和科研，故而职务科技成果转化主体不可能是高校这类非营利事业法人，只能是科技人员自然人；二是资源论，根据经济学定义，能够带来收益的资源才是资产，高校职务科技成果的不成熟性、不稳定性和不系统性，缺乏市场导向，能否带来收益是个未知数，因此高校职务科技成果只能是资源；三是价值论，科研成果强烈依附于科研人员隐性知识，因此，职务科技成果作价入股的估值包括科技成果市场价值和科研人员人力资本估值。

4. 混合所有制改革的正当性

职务科技成果混合所有制改革的实质是重新配置权利，倾斜向科研人员配置产权。现有研究也对科研人员获得职务科技成果产权有其正当性进行了论述。

（1）高校科技成果的形成和特点决定了科研人员要参与产权分配。成果形成方面，在研究选题、研究实施、成果呈现方式，以及是否申请专利、专利使用和处置，发明人处于创新主体地位，发明人掌握主动权和决策权；成果特点方面，高校职务科技成果多是基础研究成果，具有实用性但缺乏成熟技术产品市场价格参数，难以评估，风险性和不确定性大，企业对此类成果引进动力不足，而科研人员作为民事主体享有成果产权并参与转化，不但能避免烦琐的国资管理程序，而且能避免背景知识产权许可实施权被其他市场主体获得的竞争风险。

（2）成果奖励收益法律执行的滞后性。《中华人民共和国促进科技成果转化法》（2015年修订）不但给予高校和科研人员关于成果转化收益约定的自由，而且对不同的转化实施方式后的收益比例也有了前所未有的提高，但仍然存在激励不足，甚至会受到国有资产流失或低价出售的质疑，造成成果所属单位及其负责人"不敢转"，宁愿将科技成果"锁在抽屉里"，而混合所有制将收益奖励前置为成果产权激励，有力地克服了这一弊端。

（3）高校与科研人员混合所有成果产权的法哲学基础。洛克的劳动理论指出，每个人对他的人身拥有所有权，包括他身体所从事的劳动，自然而然地这种劳动成果归属他自己；康德和黑格尔的人格理论认为，创造者对其创造成果享有天然的精神权利，精神权利不能与其创造成果相分离；马克思劳动价值论认为，商品由资本、物质条件和劳动等投入生产，资本、物质条件只改变形态且价值转移到新商品中，劳动带来新商品增值，因此科研人员拥有其创造性劳动成果产权也是应然之义；经济学者认为权利应当分配给最珍惜它的人，发明人最了解成果特点、市场应用前景，具有较高的转化积极性，能有效降低交易成本，提升转化效率，因此发明人拥有产权符合效益主义理论[19]。

5. 混合所有制改革的进一步完善

（1）把握好高校成果转化责任与科研人员激励间的平衡。单位与科研人员间是一种"委托—代理"关系，要进一步完善产权归属关系与平衡的利益分配机制以调动各方积极性。科技成果混合所有制改革与国企混合改革、土地改革不同，科技成果的无形性，且高校承担着转化职务科技成果的主体责任，混合所有制改革要落实技术成果转化的责任主体，完善转化机制、机构、人员队伍建设，把握高校成果转化责任与科研人员激励间的平衡；此外，要应充分考虑分割可能引致的负面后果，单位与科研人员以及团队内部意见不一致，发明人单位变更、团队解散、权利继承，以及知识产权申请费、专利维持费负担等问题。

（2）加强高校内部建设。评估方面，高校应制订成果贡献评估制度，明晰每位科研人员贡献度及相应产权，有效规避团队内部产权纠纷。部门转化能力方面，配备专业转化人才，适时成立技术转移办公室。职称与人事管理方面，建立成果转化与职称评价衔接机制，建立科研教师创新创业人事管理制度。此外，要规范混合所有制下成果转化细节操作。在混合所有制改革试点后，西南交通大学又推出了实施细则，对参与主体、转化方式、成果评估、转让（许可）流程、作价投资流程及公示异议的处理等问题进行了分析，改革者还对学校控制力、学校署名权、学校介入权、操作便利、线程控制等未见的潜在问题进行分析，利于方案落实。

（3）加强有关制度建设。由于科研人员（雇员）在经济、雇佣关系、资源掌握和社会动员能力等方面与高校（雇主）处于不平等地位，成果权属混合所有的纠纷可以引入劳动争议解决机制；完善实施过程中的法定程序、分割比例、市场评估与作价、成果商品化的风险及利润分担等细则，健全职务发明报告制度等配套体系[20]。

（4）混合所有制推广应注意的问题。有研究认为混合所有制推广应注意几个问题，即根据单位与研究人员间互相监督的强弱来决定采用何种产权分配方式，企业性质科研单位对科研人员监督强，科研人员对企业监督弱，在企业占有较大产权下，强监督下科研人员参与成果转化努力程度较高，故企业占有更大比例产权；公益性科研单位主要承担社会公益服务职能，参与市场竞争有限，成果转化中行政监督较强，故单位对科研人员监督较强，科研人员对单位监督较弱，可适当扩大科研人员产权，但仍以科研单位持有产权为主；高校职能多元，成果转化不是教师考核和评价的必要条件，因而高校对科研人员监督较弱,科研人员对高校监督也较弱,因此应扩大科研人员产权比例,激励科研人员重视成果转化。

3.2.3 职务科技成果混合所有制改革有关争论

高校职务科技成果混合所有制改革产生了广泛的影响,但也引起了如合法性、合理性、公平性、理论视角、实践结果等一些富有争议性的问题,需要深入分析。

1. 混合所有制改革的合法性问题

围绕混合所有制改革的合法性问题,现有研究有两种不同的解读,即合法性与不合法。

(1)合法性。有研究认为,高校是职务专利的拥有者,就拥有专利权的使用和处置权,可以将专利申请权、专利权的一部分让渡给发明人以实施转化,混合所有制是高校行使专利权再分配行为,没有违反职务专利权法律规定;此外,《促进科技成果转化法》第四十四条也做出"科技成果完成单位可以规定或者与科技人员约定奖励和报酬的方式、数额和时限"的规定。

(2)违法性。有研究认为混合所有制对职务科技成果所有权的处置方式违反了《专利法》第六条、《科学技术进步法》第二十条和《促进科技成果转化法》第十九条等关于职务科技成果权属的限制性规定,混合所有制也不符合科研人员获得职务科技成果所有权三种方式(约定、受让、捐赠)的法理要求,职务科技成果混合所有制改革应当"在法律授权前提下"开展改革试点[21],因此,发明人不能获得职务科技成果所有权,高校也无权将职务科技成果所有权变更为与发明人共有,混合所有制中高校将职务科技成果权属部分或全部转移给科研人员不属于职务科技成果处置权的下放范畴[22]。

此外，有研究认为职务科技成果处置权是一种法人所有权，不认可混合所有制将职务科技成果的法人所有权变更为私人所有权。也有研究认为，高校职务科技成果处置权只包含了现行法律授予的进行事实处分和法律处分的限制性处置权，不包含所有可能会引起科技成果所有权发生变动的事实行为和法律行为，且职务科技成果"三权"（使用权、收益权、处置权）具有公有财产权的性质，而公有财政是国家公有制的产物，是国家实现宏观调控职能的基础性工具，要坚持职务科技成果"三权"公有财产权的基本定位。

2. 混合所有制改革的合理性问题

（1）合理性。有研究从两个方面论述混合所有制适合高校实际：一方面，专利权的形成、使用及处置中，发明人处于创新主体地位，具有极大的主动权、决策权；另一方面，隐性技术知识的存在决定了高校职务科技成果的后期转化离不开明人的后续支持。由于科技成果是由单位有形物质资源和发明人无形智力资源共同投入的产物，职务技术成果权属中隐藏着发明人的权益份额，混合所有制并不否认法律对其权属的规定，只是将在以往实践中未被重视的发明人智力无形资源充分激活而已。

（2）不合理性。混合所有是一种产权共有模式，存在高校与发明人的产权份额不好确定，易引发纠纷，成果的利用受到共有人制约，协商决定权利行使会降低成果转化效率而贻误市场机会等问题。混合所有制不合理之处在于其实际操作中存在发明人离职后产权转移困难、产权群体的沟通复杂、专利申请与维护费用负担三个风险[23]。有研究认为，混合所有制不合理体现在改革细节不完善会诱发争议并影响改革效果，政策不配套阻碍改革而增加成本，以及机制不健全掩盖问题放大改革风险，且混合所有制也没有完全避开国资管理限制。也有研究认为，不合法便不合理，而且单位已经支付给科研人员劳动报酬，研究是其本职工作，当前法律已经规定将转化所得的 50% 以上的净收入让利给科技人员，再给予成果产权奖励便不合理。也有研究者提出混合所有制改革是否是促进科技成果转化的最优路径尚需证明。

3. 混合所有制改革的公平性问题

混合所有制的公平问题主要涉及产权的分配问题。有研究认为混合所有制给予科研人员产权比例过高，已经远远高于发达国家，国家投入科研经费无法取得经济收益，加之如果转化不成功面临国资流失，如果分配比例不公平将会带来公共利益受损。有研究认为，由于科研成果离不开国家投入和单位物质支持，且法律规定职务科技成果归属全民，科研人员已经领取劳动报酬，因此混合所有制中给予科研人员产权会影响社会公平性；与此同时，混合所有制的利益分配会导致科研人员单打独斗式创新，与当前跨部门团队式创新不符，不利于促进创新的社会价值导向建立。此外，也有研究认为，混合所有制会在分配比例、鼓励性政策的阶段性和主体权益等公正性问题。

4. 职务科技成果国有属性的认知问题

混合所有制改革倡导实践者以国有资产管理所带来的程序障碍为基础，认为"产权不明晰以及交易成本"主要由制度障碍导致，而现有研究对高校职务科技成果国有属性有不同的认知,即国有属性是否制约了高校职务科技成果转化。

(1)职务科技成果国有属性的认知观念矛盾。高校职务发明权属国家所有的制度困境,在中国科技管理领域、科技界、理论界和社会舆论中是一个普遍性的认知。而2000年及以后的两次《专利法》修改均否定了职务发明权属国家所有机制,但产生职务专利国家所有的社会主义公有制体系和国家所有权关系在后续专利法改革中没有得到妥善解决,可见专利权的私权属性与公有制体系、国有所有权的固有冲突关系,不会因《专利法》中限制删除而消失,而只能以更为复杂的观念、制度和适用冲突继续存在,而混合所有制改革就是冲突存在的某种极端表现方式[24]。

(2)职务科技成果国资管理障碍的认知矛盾。《促进科技成果转化法(2015年修订)》将科技成果"三权"下放给高校,而高校职务成果转化实践却面临着是否遵守国资管理规定,这引起了理论界的广泛关注和支持,国家科学技术部也提出了成果转化的国资管理障碍问题,这一认知也得到了全国人大教科卫文委的支持。财政部则认为《促进科技成果转化法》对职务科技成果管理体制的改革规定已经得到了落实,即2015年12月印发的《关于进一步规范和加强行政事业单位国有资产管理的指导意见》(财资〔2015〕90号)已经明确了高校职务成果使用、处置和收益等资产处置按照《促进科技成果转化法》有关规定执行,可见科技行政主管部门与国资行政主管部门对国资管理障碍有着不同的认知。

5. 混合所有制改革的理论视角问题

有研究认为,制度性约束是影响高校科技成果转化率的根本性因素，进而基于新制度经济学产权理论和交易成本理论，通过分割并授予科研人员职务成果产权，既明晰产权和激励科研人员，又能避免国资管理约束与限制，从而能降低职务科技成果转化交易成本（信息、谈判、制度和委托代理成本），提高成果转化率。而有研究者从法经济学视角分析认为，混合所有制改革经验论者虽然强调产权明晰的重要性，却忽略了"外部性"之于社会成本理论的源泉和作用，即未论及负外部性对于交易成本扩大的本源性作用（交易成本起到影响成果转化率低的中介作用），也未论及制度上对人力资源贡献者的"理性人"假定矛盾（人力资源理性人假设矛盾引起的负外部性解决能实现成果转化制度与产权制度之间逻辑自洽），因此交易成本论视角研究是残缺不全的理论分析，如同"无本之木"。

3.3 研究展望

基于对研究文献的整理分析，提供了一个关于高校职务科技成果权属混合所有制改革研究的知识脉络，分析发现研究中还存在着一定不足和尚需深究的问题，总结如下：

1. 混合所有制引领科技成果"三权"改革走向"两权"试点深入

2011年，国家在部分地区试点推动国有科技成果"三权"（处置权、使用权与收益权）下放改革试点[25]，改革经验进入了2015年修订的《促进科技成果转化法》。然而"三权"并不是完善的法律概念，其法律属性和权利界定还不清晰，且"三权"下放后缺乏相应配套[26]。《促进科技成果转化法》（2015年修订）等颁布后，高校院所科技成果转化率并未如社会预期有大幅度的提升[27]。为了进一步推进成果转化，国家于2016年提出"开展赋予科研人员职务科技成果所有权或长期使用权试点"（以下简称"两权"试点）[28]，2020年2月中央全国深化改革委员会第十二次会议审议通过了赋予科研人员"两权"实施方案，2020年5月科技部印发了实施方案。

从"三权"改革到探索"两权"试点，逐步将职务科技成果产权国家所有下放至高校所有，进而下放至科研人员。但是，如何在相关权利主体之间合法合理地配置产权问题仍未解决[29]。关于在权利主体之间，特别是在高校与科研人员之间如何配置科技成果产权，西南交通大学推进的职务科技成果权属混合所有制改革提供了有益参考，混合所有制探索始于2010年，2016年在西南交通大学全面推进，2017年在四川全省推进，2018年推广至全国八个全面创新改革示范区。当下在职务科技成果转化实践中，由制度预设的私人利益的外部性和国家财产权的公共价值之间的博弈关系而"自下而上"倒逼出"赋予科研人员职务科技成果所有权"试点[30]。可见，混合所有制探索早于科技"三权"改革，承接、"倒逼"出"两权"试点，其在推进过程中不断引领中国科技成果转化改革实践，推进政策立法走向深入。

2. 中国公立高校法律主体地位的确立

有研究基于知识产权特征,认为专利权私权性与职务成果产权国有之间是矛盾的，成果转化是市场行为，市场主体具有利益化、人格化的特质，而国家是抽象的存在，缺乏市场主体的特质，决定其不适合作为产权的交易主体[31]。即便职务科技成果权属由国家下放至高校，而高校与国家一样，也是一种抽象的存在。混合所有制倡导实践者基于高校身份特性，认为成果转化不是高校的第一任务，非营利性决定了其转化积极性和市场敏感性远低于企业，通过对比分析产权混合所有模式成果转化效率远高于产权高校独有模式效率，因此职务科技成果转化主体不可能是非营利事业法人，只能是科技人员自然人[32]。也有研究从域外视角，建议借鉴日本公立大学法人改革经验，赋予中国高校法律主体地位的独立性[33]。

综上可见，高校的非人格化特征决定了其作为职务科技成果所有者的不合理性，直接制约了成果转化。因此，对于公立大学法律主体地位的改革将成为科技教育界关注的重点。通过组织改革，扩大自主权，以促使中国公立大学能够真正回应市场和社会的需求[34]。

3. 混合所有制研究方法与关注重点

研究发现，混合所有制研究存在两个尚需关注的方面，研究方法方面，多为定性研究，表现为案例介绍、经验总结、理论分析、逻辑推理，1篇文献采用了建模分析，2~3篇文献使用了问卷调查，缺少实证研究和定量分析。关注重点方面，现有研究重点关注了职务科技成果所有权，忽视了对处置权、使用权、收益权、专利申请权、优先受让权的研究；此外，重点关注了所有权的操作与行使，而缺少对所有权及其他权利的权利性质的分析，特别是缺少关于权利主体、权利内容、权利客体、适用条件以及救济途径等方面的研究。

【参考文献】

[1] 四川省人民政府. 四川省人民政府关于推广第一批全面创新改革试验经验成果的通知[EB/OL]. (2017-05-21)

[2020-06-24]. http://www.sc.gov.cn/zcwj/xxgk/ NewT.aspx?i= 20170522094543-462218-00-000.

[2] 赵雨菡，魏江，吴伟. 高校科技成果转化的制度困境与规避思路[J]. 清华大学教育研究，2017，38（4）：108-112，116.

[3] 张铭慎. 如何破除制约入股型科技成果转化的"国资诅咒"？——以成都职务科技成果混合所有制改革为例[J]. 经济体制改革，2017（6）：116-123.

[4] 刘凤，张明瑶，康凯宁，等. 高校职务科技成果混合所有制分析——基于产权理论视角[J]. 中国高校科技，2017（9）：16-20.

[5] 康凯宁. 职务科技成果混合所有制探析[J]. 中国高校科技，2015（8）：69-72.

[6] 陈家宏，饶世权. 协同激励创造与转化的职务发明制度重构研究——兼论《专利法》第6条的修改[J]. 中国科技论坛，2019（7）：19-26，33.

[7] 刘群彦. 职务科技成果产权激励的法经济学思辨——从经验命题到价值命题的理论选项[J]. 中国高校科技，2019（7）：87-90.

[8] 康凯宁. 职务科技成果混合所有制探析[J].中国高校科技，2015（8）:69-72.

[9] 骆大进，王雪莹，常静. 关于科技成果转化中成果权属问题的研究与思考[J]. 中国科技论坛，2019（10）：164-170.

[10] 宋波，鞠燕，徐飞. 我国高校科技成果转化模式探索——以西南交大为例[J]. 上海管理科学，2018，40（6）:117-120.

[11] 科技部等. 科技部等九部门印发《赋予科研人员职务科技

成果所有权或长期使用权试点实施方案》的通知[EB/OL].(2020-05-09)[2020-09-27].https://www.baidu.com/link?url=ulISe6iamwzbM5Fe9P9wnHdWYi9uhab2QENyGHl8Rw77h-Uj8-ep6ZV3-L_GKKWRrH9yPr7C39RncsQmUNxblieilEZf9EKaYT7oYpn3Fj_&wd=&eqid=90e7196a00060c57000000035f7030c7.

[12] 科技部.科技部印发《关于破除科技评价中"唯论文"不良导向的若干措施(试行)》的通知[EB/OL].(2020-02-23)[2020-09-27].http://www.most.gov.cn/xxgk/xinxifenlei/fdzdgknr/fgzc/gfxwj/gfxwj2020/202002/t20200223_151781.html.

[13] 教育部,国家知识产权局,科技部.关于提升高等学校专利质量促进转化运用的若干意见[EB/OL].(2020-02-03)[2020-09-27]. http://www.moe.gov.cn/srcsite/A16/s7062/202002/t20200221_422861.html.

[14] 教育部,科技部.《关于进一步推进高等学校专业化技术转移机构建设发展的实施意见》[EB/OL].(2020-05-13)[2020-09-27].https://www.baidu.com/link?url=NsvXIJwjWwTwe11OLBPLyK20cLgwZ4mkzXvt8jCtripvbN6Sjxb_Tz78HqGw0Z9O2ntFA5HK_Ix7k7s7T4JZztlgBwV7XsKbL6Z65z6ZwAS&wd=&eqid=f0ba4080000755b8000000035f7031c8.

[15] 邓志红.高校职务科技成果的权利配置规则研究[J].科学学研究,2020,38(2):259-265.

[16] 中共中央.中共中央关于完善社会主义市场经济体制若干问题的决定[R/OL].(2003-10-14)[2020-07-17].http://cpc.people.com.cn/GB/64162/64168/64569/65411/4429165.html.

[17] 中共中央.中共中央关于全面深化改革若干重大问题的决

定 [R/OL].(2013-11-15)[2020-07-17].http://www.scio.gov.cn/zxbd/nd/2013/document/1374228/1374228_1.htm.

[18] 康凯宁，刘安玲，严冰. 职务科技成果混合所有制的基本逻辑 ——与陈柏强等三位同志商榷[J]. 中国高校科技，2018（11）：47-50.

[19] 徐兴祥，饶世权. 职务科技成果专利权共有制度的合理性与价值研究 ——以西南交通大学职务科技成果混合所有制实践为例[J]. 中国高校科技，2019（5）：87-90.

[20] 张文斐. 职务科技成果混合所有制的经济分析[J]. 软科学，2019，33（5）：51-54，64.

[21] 吴寿仁. 科技成果转化若干热点问题解析（十四）——科研人员科技成果所有权探析[J]. 科技中国，2018（7）：28-36.

[22] 吴寿仁. 科技成果转化热点问题解析（三）——再谈科技成果混合所有制[J]. 科技中国，2017（8）：30-33.

[23] 吴寿仁. 科技成果转化若干热点问题解析[J]. 科技中国，2017（5）：64-71.

[24] 肖尤丹. 职务发明权属国家所有研究 ——兼论中国专利法中的国家所有权[J]. 中国科技论坛，2018（11）：77-85.

[25] 财政部. 关于在中关村国家自主创新示范区进行中央级事业单位科技成果处置权改革试点的通知[EB/OL].(2011-02-28)[2020-07-21].http://www.gov.cn/zwgk/2011-02/28/content_1812849.htm.

[26] 陈吉灿. 公立高校知识产权转化难：一个"中式命题"的破解[J]. 山东科技大学学报（社会科学版），2019，21（2）：64-71.

[27] 萧建秀，王晓辉. 高校、科研机构科技成果转化中存在的问题和对策[J]. 中国经贸导刊，2018（32）：86-88.

[28] 中共中央办公厅，国务院办公厅. 关于实行以增加知识价值为导向分配政策的若干意见[EB/OL].(2016-11-07)[2020-07-21].http://www.gov.cn/zhengce/2016-11/07/content_5129805.htm.

[29] 王影航. 高校职务科技成果混合所有制的困境与出路[J]. 法学评论，2020（2）：68-78.

[30] 刘群彦. 职务科技成果产权激励的法经济学思辨——从经验命题到价值命题的理论选项[J]. 中国高校科技，2019（7）：87-90.

[31] 陈吉灿. 公立高校知识产权转化难：一个"中式命题"的破解[J]. 山东科技大学学报（社会科学版），2019，21（2）：64-71.

[32] 康凯宁. 职务科技成果混合所有制探析[J]. 中国高校科技，2015（8）：69-72.

[33] 魏琼. 美日高校职务成果转化的权利配置及启示[J]. 宁夏社会科学，2018（6）:57-64.

[34] 李昕，卞欣悦. 我国公立大学职务科技成果权属分置制度的困境与完善[J]. 湖南师范大学教育科学学报，2020，19（2）：11-19.

第 4 章 / 经验回顾

4.1 科技成果转化主要模式

4.1.1 美国"硅谷模式"

1951年,美国斯坦福大学因地制宜,建立斯坦福工业园区。它开创先河地创造了"硅谷模式",该模式包含了产业、学习、研究,将科学、技术、生产三个极其重要的元素融合为一体,在当时极大地提高了创新与产业化相互转化的效率和能力[1],从此以后,美国的这种"硅谷模式"如雨后春笋一般。以斯坦福大学、伯克利大学、加州理工大学等世界一流大学为依托,以小型中型高科技技术企业群为基础,孵化培育了以朗讯、思科、惠普、英特尔、苹果等为代表的世界著名企业;各个研究机构、知名大学的科技研发和人才培育,相继与企业和产业的发展需求紧密结合,形成利益共同体,促进合作;企业负责提供资金、制定研究方向和课题,以低于同类市场的成本获得当时先进技术的使用权;各大学、科研机构提供智力、技术支持,使科研成果更贴近产业、市场需求。

4.1.2 英国的剑桥企业运营模式

英国剑桥大学则创立了另一种模式——"剑桥企业"模式,将联合大学风险基金、技术转移部门和剑桥的创业者协会整合成为一个新的机构,作为知识产权产业化、商业化的孵化基地。主要开展技术保护、评估和知识产权认证等各类工作,为新创办的公司提供创业指导与技术支持。同时还提供"种子基金"并与一些其他的基金组织建立合作关系,提供合约协商、成本核算、保险和办税等专业化的一条龙服务,还提供会展服务和搭建社交网络。"剑桥企业"每年平均能够成功帮助5家企业的初始化建设和最终运营,至今已经扶持孵化近300家企业[2]。

4.1.3 中国的科学院模式

将大企业建立多渠道、多元化合作,与国家目标和市场需求相结合,推动企业技术升级,引导、组织科技人员开展技术研发活动,以科技成果转移的方式在企业形成高效生产力;与企业和地方共建研发机构、企业育成中心、转移转化中心和工程中心;促进高科技技术企业保持健康活力发展,推进院所投资企业股权的社会化改革;鼓励和支持科技研究人员进入企业,加大对科技设施、资源和平台的开放共享力度;引入新企业孕育机制和规范风险投资的机制,鼓励科技人员带着研究成果和社会资源结合创办企业,并允许科技人员在企业持有股份,促进高科技技术产业模式化发展[3]。

4.2 我国高校科技成果转化经验回顾

自《中华人民共和国促进科技成果转化法》(2015年修订)实施后,众多高校纷纷统筹兼顾学科建设、科技成果科学研究和转移转化与科研型的人才培育,从关注成果的产生朝着关注成果转化转变,从追求成果的数量朝着追求成果质量转变。部分高校还建立和完善了科技成果转移转化服务支撑体系、制度体系、管理体系,建立了由校主管领导带领,各部门各司其职、各尽其责的科技成果转移转化工作体制。比如上海交通大学,既制定了科技成果转化的规章制度，又贯彻落实了国家科技成果转化的有关法律法规和政策文件，加强对政策的传播、贯彻落实，使得科技人员的相关权益得到充分保障，名利双收，科技成果转移转化也有法可依、有章可循。

4.2.1 上海交通大学

1. 部门职责分工明确

上海交通大学明确其他有关部门在科技成果转移转化方面的职责分工。

党政办法务室：负责科技成果转移转化过程中的纠纷解决、诉讼仲裁、有关合同的审核等法律事项。

国资办：负责科技成果作价入股后形成稳定的经营性国有资产的监管，包括入股企业、产权登记的监督管理等。

上海交通大学先进产业技术研究院：负责知识产权授权许可、作价入股、转让等科技成果转移转化工作，其中包含科技成果类的过渡性资产管理和有关技术合同的核查审批。

科研院：负责办理知识产权申请、登记、备案，以及科技成果形成与科研项目的管理工作相关的业务。

财务计划处：负责科技成果转化过程中的授权许可、作价入股、技术转让等相关奖酬金额的支出以及转化收入的核算工作。

人力资源处：负责岗位管理和考核评价制度、建立、完善符合科技成果转化工作特性的专业技术职务评定与招聘，完善鼓励、约束机制以及收入分配制度。

另外，科技成果转移转化还涉及研究所、附属医院、相关院系等科研部门，以及高新科技园、孵化器等产业集团机构。

2. 上海交大产研院承担推进科技成果转移转化职责

上海交大产研院以价值提升为核心目标，为科研团队的成果转移转化提供两个方面的服务：一是"模式服务"，根据科研团队及科技成果的具体实际情况设计相适应的发展模式；二是"过程服务"，即指导科研团队完善其研发成果。作为学校的二级直属单位，成立于 2009 年 12 月，是科技成果与经济效益相结合的"桥梁"与"纽带"，是学校科技成果转移转化的重要载体。另外，产研院采取以下三项措施以提高科技成果转移转化的相关服务质量：一是努力突破开放合作、利益分配、技术转移、人才聚集等传统机制的限制；二是推动国际合作、撬动社会资本、强化知识产权保护；三是联合学校、社会、企业、政府等各方各层资源等。

3. 加强科技成果转移转化制度建设

上海交通大学的科技成果转移转化工作特色鲜明，成效显著。取得如此的成果，应归因于上海交通大学对制度建设的高度重视，形成"1+3+6"文件体系。从 2015 年起，上海交通大学根据《中华人民共和国促进科技成果转化法》《中华人民共和国科学技术进步法》《中华人民共和国专利法》等国家相关法律文件和政策条例，结合本校实际情况，先后制定了《科技知识产权及成果转化管理办法》《职务发明管理办法》《完善知识产权管理体系，促进科技成果转化的实施意见（试行）》《科技成果转化合同订立及审批管理细则》《科技成果转化基金管理细则》《知识产权申请和维持基金管理细则》《科技成果转化资金收益分配细则》和《科技成果作价入股实施细则》共 8 个文件，先后于 2015 年、2016 年逐步全数出台。当时还策划了《科技知识产权转化工作绩效考核实施细则》和《兼职从事科技成果转化管理办法》2个文件，最终形成了由1个实施意见、3个管理办法和6个实施细则组成的"1+3+6"文件体系。

4. 案例

（1）摆正科技成果转移转化的位置。

对科技成果转移转化的认识理解是否到位，决定了它的定位，也就是要将它摆在什么位置。明确好它的定位，就是要摆正科技成果转化与科学研究、学科建设和科技人才培育之间的关系。科技成果转化的定位找准了、各种关系摆正了，才能有效衔接科技成果转化与科学研究、学科建设和人才培养的关系。这是做好成果转移转化工作的前提。例如，某高校高度重视科技成果转化，同时支持科研人员与企业积极开展横向合作，"四技合同"成交额明显有所提高，科研人员享受到了巨大的好处。因此申请纵向课题的项目数量逐渐减少了，结果是被教育主管部门批评为只注重经济效益而不重视科研工作。当然，不能一味地认为高校与企业的横向科研合作活动就不是科研工作。也许一开始时，解决企业的技术问题，需要的科研水平并不高，但随着企业的技术需求越来越旺盛，科研人员的技术创新能力不断提高，高校的科研水平也会相应提高，也照样可以发表高水平的学术科研论文，也有能力、有可能与企业联合申请纵向科研项目。如果单纯地申请纵向科研项目，而且纵向课题不是来源于现实需求并回归解决现实问题，则科研会脱离实际，也许有能力发表高水平的论文，但这样的科研水平仍是空中楼阁、虚无缥缈、华而不实。

（2）科技成果转移转化的定位决定了科技成果转移转化的

组织体系和政策体系。

部分高校建立了由校长任组长牵头的科技成果转移转化领导小组，校长亲自抓科技成果转移转化工作。校长亲自抓，校内人、财、物、政策等均能较好地到位。但部分高校没有理顺科研、科技成果转移转化等的关系，科研、科技成果转移转化和科技园区等分别由不同的副校长分管，因此内部关系走向无谓的复杂化，相关工作的推进会变得比较艰难。

（3）科技成果转移转化要理顺体制机制。

科技成果转移转化需要科研、科研管理、人才配置、资产监管、经费保障等方面密切配合、积极合作，需要理顺从科研到成果转移转化的各环节，需要充分发挥科研人员、科技成果转化人员（包括技术经理人）等的积极性。这就要求部门职责分工明确，各司其职、各尽其责。只有这样，才能表明科技成果转移转化的校内体制机制比较顺畅。体制顺，机制才能顺。体制不顺，机制则很难顺畅。体制机制不顺，资源配置的效率不可能得到提升或保持一个较高的水平，人才的积极性很难被调动或发挥出来，科技成果转移转化就会遇到重重障碍。

（4）政策要明确，流程要优化。

科技成果转移转化的核心是充分调动、发挥科技人员的积极性，而积极性的发挥，取决于学校、院系和科技人员的利益关系是否调整到位、合理，以及科技人员之间的奖酬金分配是否到位。这些需要学校制定相关政策予以明确界定规范。同时，也要协调好科研团队内部的科技人员、科技成果完成人与科技成果转化人员之间的利益关系，各方力量要向一个共同目标形成有凝聚性的合力。

4.2.2 西南交通大学

1. 改革探索

为积极推动高校科技成果转化，近年来国家出台了一系列法律法规、政策文件，有关部门也加大了对高校科技成果转化的考核力度，但高校科技经济"两张皮"的现象并未能从根本做出改变（刘凤等，2017）。高校科技成果转化难的痼疾始终没有得到有效治愈，究其原因是，所有权归属等根本性制度障碍没有完全消除（赵雨菡、魏江、吴伟，2017）。西南交通大学从成果所有权出发改革入手，结合我国国情，从2010年开始进行职务科技成果混合所有制改革的探索与试验。2016年，学校在过去5年职务科技成果混合所有制试验的基础上，正式出台了《西南交通大学专利管理规定》（简称"西南交通大学九条"）创新开展职务科技成果混合所有制改革，使职务发明人成为科技成果转化的主体，保障其职务科技成果所有权。

西南交通大学职务科技成果混合所有制改革的实现，主要得益于分割确权既有专利和共同申请新专利。在既有专利方面，通过将学校职务发明专利所有权转让给西南交通大学国家大学科技园，再由科技园向国家知识产权局提出申请，变更专利权人，进而达到将西南交通大学自己独有的专利权变更为西南交通大学和其科研团队自然人共同所有的即混合所有专利权的目的。针对新专利的申请，则由职务发明人与学校共同向知识产权局提出申请，以便更好地落实对职务发明人的产权激励。

（1）先确权、后转化。

我国现有制度下，高校科技成果转化通常采用的是"先转化、后确权"模式，而西南交通大学职务科技成果混合所有制以所有权改革为核心,采用"先确权、后转化"的转化路径。成果转化之前先确定所有权,可有效消减"后确权"转化模式下的不确定性和延迟性,避免了国有产权交易带来的复杂手续,也将职务发明人的利益损失最小化。

(2)变奖励权为专利权。

西南交通大学将《促进科技成果转化法》规定的职务发明人在成果转化后享有的股权奖励前置为产权奖励。相比转化后的股权奖励,前期的产权奖励不仅程序简单,还可以在短时间内实现职务发明人拥有对科技成果未来转化出的商业价值的所有权,并以此鼓励职务发明人全力面向市场需求与生产实践,生产出更多可转化、易转化的科技成果。

(3)职务科技成果混合所有权。

当前,在知识产权确权方面主要观点有两大流派:一是"投入派",认为资本、设备等生产资源很重要,谁投资谁拥有,谁雇佣谁拥有;二是"产出派",认为谁能利用资源产生最大的收益,就归谁。而西南交通大学认为,知识产权有资本、设备的贡献,更离不开职务发明人的贡献,产权理应由双方共同所有。新制度经济学中的科斯定理指出,明晰资源产权是有效利用资源的前提。职务发明人拥有产权,就有了科技成果转化的主体能动意识,可以极大地激发其进行科技成果转化的创意与内生动力。

2. 混合所有制改革的成效

职务科技成果混合所有制改革是推动高校科技成果转化的重要举措(康凯宁,2015),只有赋予职务发明人成果所有权,保障其在成果转化过程中始终占有主体地位,科技成果转化才能有效、积极地进行，从而使得"有权利转化的没有能力、动力转化，有动力、能力转化的没有权利转化"的现象得以根除。

通过职务科技成果混合所有制改革，西南交通大学明确了职务发明人的成果所有权归属问题，承认创造性劳动成果属于相应的科研人员，很大程度上调动了科研人员研发、转化成果的积极性（张铭慎，2017），加快了科技成果转化速度。"磁浮二代"项目在职务科技成果混合所有制正式出台实行后，仅3天就完成了对知识产权的分割确权工作，此后，该项目与中车大连很快便签署了合作开发协议，在1年之内迅速完成了该项目工程样车的设计、制造、调试、下线工作，大大提升了科技成果转化的效率。

自开展职务科技成果混合所有制改革以来，两年时间内，180多项职务科技成果已经完成了产权的分割确权，16家高科技创业公司创立，知识产权评估作价入股总金额超过1.3亿人民币，带动社会投资相关项目近8亿元。其中，西南交通大学衍生创业板上市公司——成都运达科技公司2016年销售收入额达4.59亿元。科技成果的有效转化，有效地避免了国家和地方科研投入经费的白白流失，同时为当地提供了更多的就业岗位，地方税收入增加，促进了地方的产业升级和地方经济的发展。

3. 混合所有制改革的问题

（1）上位法对改革支持的歧义性。

我国现行《专利法》第六条第一款规定，"执行本单位的任务或者主要是利用本单位的物质技术条件所完成的发明创造为职务发明创造。职务发明创造申请专利的权利属于该单位"。该法第六条第三款又提出，"利用本单位的物质技术条件所完成的发明创造，单位与发明人或者设计人订有合同，对申请专利的权利和专利权的归属作出约定的，从其约定"。按照该法第六条第一款的规定，职务科技成果的所有权属于高校，而按该法第六条第三款的规定来理解，所有权根据具体约定可以有多种形式。但是，《促进科技成果转化法》又规定了"不变更职务科技成果权属的前提"。因此，《专利法》第六条本身的歧义性以及《促进科技成果转化法》的规定容易造成相关人员对职务科技成果混合所有制改革合法性的质疑。

（2）配套政策对改革支持的模糊性。

高校科技成果转化涉及诸多链条，完善的配套政策是推动改革的关键（刘凤等，2017）。为解决职务科技成果混合所有制改革过程中可能出现的问题，学校已出台的相关支持性政策大多属于指导性质的意见，仍是从较为宏观的层面出发，尚缺乏科技成果评估、中试孵化、科技成果交易等具体的政策实施办法细则，导致了高校科技成果转化的路径、边界存在模糊性，使得职务科技成果混合所有制改革在经验推广方面缺乏一定的政策法律依据和支持。因此，有必要对《专利法》等产权法律法规进行完善修订，以明确哪些科技成果混合所有制改革的程序和边界是可进行复制和推广的，便于在全国范围内实现有效推行。

（3）同类别高校的科技成果转化经验。

现如今，高校科技成果转化的瓶颈最终还是来源于制度。西南交通大学的特色改革——职务科技成果混合所有制，采取产权激励理论作为理论基础的方式，以科技成果的知识产权所有权为整个改革的突破口，基本上实现了科技成果的所有权归职务发明人所有，从根本上推动了科技成果产业化，产生了高校科技成果转化的借鉴意义。政府是连接高校与企业的纽带，也是科技成果转化进程中的原动力，需要通过制定适宜的配套政策和完善的制度，并依赖高校的行政职能作为支撑，精准定位改革方向，不断推动我国高校科技成果转化的稳步发展。

① 明确主体责任。

如若需要进一步对科技体制进行更为系统、深入地改革，那最关键的激励方式将是长效的奖励机制。职务科技成果混合所有制改革应该把科技成果转化的主体责任交给职务发明者，消除以往在成果处置过程中权利不对等的窘境。这样可以最大限度地激发职务发明人的激情，促进各类高校的科技成果转化，并且能够解决高校科技成果转化困难问题。所有权的归属问题得到解决，政府应科学分析测定、因地制宜地明确高校与职务发明人之间的产权关系，搭建责任和权力相互协调统一的成果转化体制，指导高校将职务科技成果混合所有制改革的侧重点放在新知识产权的共同申请以及分割确权上，只有这样，才有可能在现有法律框架下不修改规章制度，在改革上取得一点突破。

② 完善考核评价机制。

政府部门一直是高校科技成果转化的主体之一，既是管理者，也是参与者，同时还是考核监督者。现如今，需要一套完整的政府评价考核机制等来保障科技成果转化的顺利运转。一方面，将科技成果转化数量及估值作为科研人员的考核参考之一，按照职称级别设定不同的科技成果转化数量及估值要求，激励科研人员充分考虑市场、企业需求，提高科技成果转化率；另一方面，在对高校考核标准的导向上，将产学研合作项目数量、科技成果转化率以及对应项目带动地方产业生产发展的产值等指标纳入高校考核评估体系，不断强化成果转化是高校履行重要社会、经济责任的理念,从而推动我国高校科技成果转化。

③ 健全收益分配制度。

成果转化的收益分配制度是否完善,也是高校科技成果转化能否顺利进行的重要因素。在政策制定上,政府应该释放自由空间,在保障国有资产不流失的底线上,提高成果转化的效率,确保相关科研机构制定、完善成果转化收益分配相关细则,确定收益分配的最低标准,充分保障职务发明人和科研团队成员拥有合理收益分配的权利。我们可以看到,西南交通大学职务科技成果混合所有制是将 70%的成果处置收益改革性地赋予职务发明人。从根本上激发了科研人员的参与热情,使得科研人员能够主动地、全程化地、深层次地参与到科技成果转化中。

4. 案例分析

(1) 已成立孵化公司。

① 土木学院杨其新教授团队"隧道及地下工程喷膜防水材料"项目。

西南交通大学土木学院杨其新教授团队的"隧道及地下工程喷膜防水材料"一整套新型系统配套防水技术,是专门针对隧道及地下结构物的防水需求而开发的,主要用于替换当前广泛应用的防水卷材。该技术应用面广阔,包括地铁、车站、交通隧道与海底隧道、区间隧道、地下通道、地下室、导流洞等,市场前景广。

该项目从 2004 年起共获得了 6 项专利授权(其中 2 项实用新型专利、4 项发明专利),到 2008 年还未实现成果的转化。成都一家民营企业——成都市嘉洲新型防水材料有限公司,非常希望西南交通大学能将这项科技成果评估作价入股该公司，但由于该项目尚处于中期试验阶段，不确定因素较多，同时企业自身的研发能力水平有限，因此企业希望教授能够带领团队进入公司，进行后期成果投入产品化研发。但由于职务发明专利权归学校全权所有，并且审批手续较为复杂，无法将股权落实到发明人身上。2010年，该项目进入西南交通大学国家大学科技园进行科技成果转化，与企业协商定价后，确定以500万元的价格将该科技成果作价入股企业。为解决发明人团队持股问题，学校经过与发明人团队、企业间相互协商，采取了一个变通的做法，即将该科技成果评估作价200万元，并以此价格将5项专利（1项实用新型因为与其他5项中的一项发明专利内容相同而放弃）转让给成都市嘉洲新型防水材料有限公司，同时，该公司以现金300万元代替团队出资，并将股权登记在杨其新教授团队名下，通过这种方式发明人团队实际获得该公司300万元股权。

由于杨其新教授团队持有了该公司的股份，教授团队的切身利益与产品、企业紧紧地捆绑在一起，休戚相关，因此在后期产品化研发上，教授团队全力以赴，以极大热情和动力投入产品化研发中。该成果在公司内又经过三年多的产品化研发，投入研发经费近200万元，最终在2014年完成了产品化，创造了一项具有里程碑意义的新型防水技术——喷膜无缝防水，由于其理念创新、技术领先，很有可能取代传统的防水板技术，成为具有国内领先、国际先进水平的新一代防水产品。在此过程中公司又以此技术为基础申请了两个发明专利（专利权人为成都市嘉洲新型防水材料公司，发明人为杨其新教授团队），其系统技术获得四川省科技进步二等奖，配合国家重大工程水下大型隧道工程建设，参与解决渗漏水等关键问题，同时作为重要参与单位获得国家科技进步二等奖。目前该产品已在松潘牟尼沟公路高寒隧道、铁路隧道、地铁中得到成功应用，并在巴郎山隧道的施工建设过程中得到广泛推广，受到海内外业内专家的高度认可和赞许。

同时杨其新教授团队的参与研发也为公司带来了铁路市场领域的资源，该公司持有该系列专利后，公司从2012年开始年销售收入额已超过2亿元，其中喷膜防水产品累计销售额达5 000万元，并成为我国南水北调工程中防渗工程的重要供应商。目前该公司正在进行股份改革，并进入IPO准备阶段。

② 材料学院黄楠教授团队"抗血栓、抗增生的新型心血管支架"项目。

西南交通大学材料学院黄楠教授团队的"抗血栓、抗增生的新型心血管支架"项目，是应用于置入冠状动脉粥样硬化患者的病变血管，从而起到支撑作用、防止心肌缺血而发生心肌梗死的血管支架，该产品同时具有特异性的抗凝血、促进内皮细胞生长和抑制平滑肌细胞生长的功能，在抑制晚期血栓形成的狭窄血管性能方面与国内外产品相比有较为显著的优势，有望成为冠脉介入治疗领域药物洗脱支架的替换产品。

该项系列专利成果历经20余年的研究，获得25项职务发明专利授权，专利技术形成的新产品处于国际领先水平。"新型心血管支架"的第四代技术于2007年以普通专利实施许可的方式转让给深圳市金瑞凯利生物科技有限公司，该公司于2012年1月获得国家药品监督管理局的产品注册证书，目前已生产8万个支架，应用于5万名患者。

"新型心血管支架"产业化投资的门槛是亿元级的，任何一个投资者都会谨慎对待。在此之前，西南交通大学以及科研团队为产业化也做出了许多努力，但由于职务发明专利权的国有属性，使得该项目在转化和实施过程中不得不经历层层审批，劳神费力，效率低下，因此该系列专利成果除了在深圳实现了转化以外，在本地的产业化一直没有进展。

为了解决科技成果转化难的问题，提升科研成果转化的内在动力，在西南交通大学国家大学科技园的努力下，西南交通大学探索"职务科技成果混合所有制"改革，分割 50%的知识产权给科研团队自然人或自然人组成的有限责任公司，让科研团队自然人或自然人组成的有限责任公司与科技园公司以同等股东身份与社会产业资本发起成立公司，2016 年发布的《西南交通大学专利管理规定》更是将这一比例提高到 70%。这一规定对于大型科研成果转化起到了积极的推动作用。"新型心血管支架"成果就是首批获益项目。该系列专利评估作价 1 436.83 万元，通过科技园引入英飞尼迪集团和成都正银投资有限公司投资 400 万元，与项目团队共同成立注册资金达 2 200 万元的产业化公司。该项目的中试线正在建设当中。由于职务发明人拥有 70%的知识产权，许多投资人和企业纷纷主动上门，要和黄楠洽谈合作转化。从无人问津到现在投资人主动登门造访，原因是除了拥有世界前沿性的专利技术外，让投资人和企业望而却步的所有权问题终于得到了解决。

③ 材料学院戴光泽教授团队"中国标准动车组关键零部件国产化"项目。

2008 年底，西南交通大学材料学院戴光泽教授率领的科研团队代表西南交通大学，联合北车集团长春客车股份有限公司、南车集团青岛四方客车股份有限公司及一批国内整车和零部件

供应商以产、学、研共同体的形式承担了中国铁路总公司、科技部以高速动车组、高速铁路先进技术的引进、消化、吸收、再创新为目标的两部联合行动计划框架下的国家科技支撑计划"高速列车关键材料及零部件可靠性研究"（2009BAG12A07，总经费5000万元）（部分子任务），其中，西南交通大学获得近800万元国拨科研经费。主要研究内容为：高速动车组关键零部件（轴箱、推杆、电机悬挂板弹簧、减震降噪阻尼浆、轮辐降噪阻尼材料、减振降噪材料）国产化及高速列车车体铝合金焊接接头疲劳可靠性研究。在承担此课题初期的2009年，由于金融危机，引进法国阿尔斯通公司时速250千米的CRH5型高速动车组转向架关键零部件国外供应商申请破产保护，无法向北车集团长春轨道客车股份有限公司生产的CRH5型动车组转向架供应铝合金推杆部件，北车集团长春客车股份有限公司几经努力仍无法找到合适的国外供应商，如果该零件不能及时供货，将无法按时向铁道部交付80列CRH5型高速动车组（同时还有部分回厂高级修车等待该零件的更换供货）。在此情况下，北车集团长春客车股份有限公司向国家科技支撑计划的高校方——西南交通大学戴光泽教授团队提出开发国产化铝合金推杆的要求。研发团队将这一信息反映给学校和国家大学科技园，学校和国家大学科技园认为这既是一个挑战也是一个机遇，积极鼓励科研团队到科技园成立公司进行产品化研发；为了及时供货，科研团队一方面在国家科技支撑计划基础上投入产品研发；另一方面筹备成立公司，并主动提出赠送20%的股权给学校，作为利用学校资源完成科研任务的回报。2010年2月，由国家大学科技园代表学校持有20%的国有股，与科研团队自然人合资成立了四川城际轨道交通材料有限公司。为满足CRH5正常下线的生产进度要求，戴光泽教授团队在没有任何资金支持的艰苦条件下，于2010年9月完成了铝合金推杆样件的生产和北车集团长春客车股份有限公司组织的首检鉴定，国产化铝合金推杆的各项性能指标均优于进口部件且成本大大降低，四川城际轨道交通材料有限公司也因此正式成为北车集团长春客车股份有限公司铝合金推杆的合格供应商。2012年，该公司通过国家大学科技园的融资渠道引进了一家战略投资者，以十余倍溢价的价格购买了该公司30%的股权。国家大学科技园所代表的国有股份溢价转让一部分股权，并获得84.33万元溢价收益。

目前，公司已经完成了时速250千米等级的CRH5型动车组转向架铝合金推杆和CRH5铝合金牵引梁、时速380千米等级的CRH3型系列动车组转向架轴端接地装置三个产品的国产化工作，开始批量供货并形成了18项专利，完全替代了进口产品。后期开发的CRH型动车组铝合金端盖已进入装车试运行阶段，后续产品还在不断开发之中。截至2016年底，公司已经为高速动车组CRH5转向架供应铝合金推杆25 000件和牵引梁2 000件，销售收入超过2 000万元，铝合金牵引拉杆、铝合金牵引梁年销售额稳定在400万元左右。经过近四年艰苦攻关，难度最大、困扰主机厂和各个动车段很长时间的、最高时速的CRH3型系列动车组转向架轴端接地装置，已于2015年2月通过长春客车股份有限公司的首检鉴定、装车试用评审和供应商资质评审，公司成为CRH3接地装置合格供应商。该国产化接地装置2016年1月至10月在极寒的哈大线上（哈尔滨局）完成了30万千米的装车运用考核、2016年4月至11月在长客"金凤凰"中国标准动车组上（全列安装）完成了60万千米的考核运行、2016年7月至12月在沈阳局完成了6列CRH380BG的30万千米小批量试装考核。截至2017年，接地装置已进入批量生产阶段，2016年销售额为420万元，2017年1月已签订接地装置3 000套合同，2017年销售额1 500万元。

④ 轨道交通重点实验室林建辉教授团队"高速列车关键部件动态检测"项目。

西南交通大学轨道交通重点实验室林建辉教授长期从事轨道交通领域的安全监测技术研究，其率领的团队对列车的运营状态已进行累计1 000万千米以上的长期跟踪实验，收集保存列车运营相关数据超过800TB。在掌握了长期服役列车关键部件性能健康状态、性能演变规律和保障轨道交通车辆运行安全早期故障诊断的基本数据基础之上，其团队致力于研发制造列车安全运行中所需的各种检测系统产品。

2014年，该项目团队进入西南交通大学与双流区政府合作成立的转化孵化机构——天府新区西南交通大学研究院进行转化。得知西南交通大学正在拟订职务科技成果分割确权的相关规定，教授将可以无后顾之忧地以知识产权入股成立公司，林教授决定要尽快把公司建起来，推动项目快速发展。2015年4月，成都天佑路航轨道交通科技有限公司正式成立，公司注册资金500万元，林建辉团队持股42%。2016年1月19日，《西南交通大学专利管理规定》出台，明确规定学校与职务发明人可按30%和70%的比例共享专利权。此后，研究院立刻着手联系知识产权评估公司，对林教授的非专利专有技术进行评估。2016年10月，林教授的技术被评估出了200万元的价值，目前该专有技术已完成分割确权，正在着手办理知识产权入股相关事项。由于有了公司这一平台，项目以更系统、更快速的节奏顺利开展。公司成立以来，已承接91万元的合同项目，预计未来三年将实现至少500万元的销售收入。

⑤ 电气学院李群湛教授"电气化铁路同相供电装置"项目。

西南交通大学电气工程学院李群湛教授自1988年首次提出同相供电理论以来，带领团队潜心研究20余年，主持国家级、省部级科研项目20余项，发表科研学术论文近200篇，取得专利100余项，提出和形成了新一代干线铁路牵引供电系统和城轨交流供电系统的技术体系框架。李群湛教授成功研制了国际领先的世界首套同相供电装置，并于2010年10月28日在眉山牵引变电所试验运行，2011年7月，该装置通过科技部验收，获得高度评价。同相供电不仅能够解决电气化铁路引起的电能质量问题，而且可以取消牵引供电系统中电分相，为实现铁路运输的高速和重载提供重要技术支持。该成果代表了国际领先水平，引领高速铁路及城市轨道交通的发展方向，被誉为电气化铁路领域六十年以来的革命性创新成果。在此基础上，李群湛教授主持了铁道部重载铁路——山西中南部铁路通道重载综合试验段沙峪牵引变电所单三相组合式同相供电技术工程化工作，并于2014年12月28日正式投运。

2011年9月，作为科技部国家重点实验室产业化基地，成都尚华电气有限公司在成都市高新区注册成立，注册资本200万元，学校全资公司参股20%，李群湛教授团队持股80%，专业负责同相供电产品及其他相关的牵引供电技术转化。但是由于其核心技术属于职务发明，所有权属于学校，由于国有知识产权定价问题没有解决，公司一直没有拿到这些专利技术的所有权，导致公司无法在资本市场上获得融资，影响了科技产业化推广工作，公司因此受损。2016年1月19日，《西南交通大学专利管理规定》出台，明确规定学校与职务发明人可按30%

和70%的比例共享专利权，极大地鼓舞了公司及团队，2016年已经签订了2亿元的供货合同。目前该技术已完成40项核心专利分割确权手续，团队正积极与科技园对接，对知识产权进行评估作价入股，然后引入战略投资者。公司计划增加注册资本金到1亿元，其中知识产权评估作价在3 000万元左右，团队再以货币出资500万元，引入战略投资6 300万元。

⑥ 信息科学与技术学院方旭明教授团队"高速列车Wi-Fi接入技术"项目。

西南交通大学信息科学与技术学院方旭明教授团队"高速列车Wi-Fi接入技术"是针对轨道交通领域内的通信技术，在高速列车内引入车载Wi-Fi和微小区（Femto系统），车内旅客可以首先通过接入车内系统，然后通过特定的宽带车地无线通道将汇聚的旅客网络通信业务发送到路边的3G/4G/5G系统基站。这种车内接入方案针对车站和车上乘客的需求提供了一体化的无线信息应用平台，可以给旅客提供海量的出行旅游信息及娱乐应用，例如在车站的公告、列车时刻表、候车信息、检票通知、站内商业服务信息等；在车上的点餐、电影音乐点播、电子书、新闻发布、广告发布（如旅游、酒店等）、列车时刻表、整晚点信息、娱乐游戏等。该一体化系统也可以提供列车乘务人员的管理服务平台给客运管理部门，乘务组从而能有效地接收到旅客咨询、意见反馈、点餐服务等信息。项目自2012年起申请了8项发明专利，由于职务发明专利归学校所有，该技术一直未得到转化。

2014年飞天联合（北京）系统技术有限公司希望与方旭明教授团队合作，共同组建合资公司，将"高速列车Wi-Fi接入技术"项目产业化，方旭明教授团队以知识产权的方式入股。但在该知识产权的评估过程中,却遇到了重重困难。由于方教授的职务发明专利属于一种方法的创新,该方法在市场上并没有对比模板,评估公司无法按照市场价值进行估算;另一方面,西南交通大学也尚未出台有关知识产权分割确权的具体办法。最后经过多方商议,方旭明教授率领的创业团队人员先以现金的方式组成自然人公司——成都维柯通科技有限公司,注册资本金 100 万元,方旭明教授个人占股 30%。该公司成立的目的是方便将团队的职务发明成果进行变更及进行内部股权动态调整。此外成都维柯通科技有限公司作为投资平台公司,与成都西南交通大学研究院有限公司、飞天联合(北京)系统技术有限公司共同成立了新的项目运营公司——成都天佑飞天科技有限公司。该公司于 2015 年 1 月注册成立,注册资本金 1 000 万元,西南交通大学方占股 40%(其中方旭明教授团队公司占股 25%),定位于轨道交通车载 Wi-Fi 设备研发与生产,公司已入驻科技园创新大厦。目前公司运营良好,2017 年实现销售收入 6 000 万元。

⑦ 土木学院仇文革教授团队"隧道数字化平台"项目。

西南交通大学土木工程学院仇文革教授团队研发的"隧道数字化平台"是一款基于互联网技术对隧道勘察、设计、施工、运营全寿命期进行信息化管理、分析及辅助决策的系统。主要针对隧道施工、运营期,为施工单位、业主单位提供信息化服务,具有广阔的市场前景。

2015 年,仇文革教授团队得知"西南交通大学九条"即将出台,成果完成团队可以持有 70% 的知识产权,团队成员转化热情高涨,决定要尽快把公司建起来,推动项目快速转化。2015 年 12 月,仇文革教授团队和成都西南交通大学研究院有限公司以现金出资50万元，注册成立了成都天佑智隧科技有限公司，仇文革教授占股90%，成都西南交通大学研究院有限公司占股10%。待学校科技成果分割确权后，再以知识产权作价投资，进行增资扩股。2016年成都天佑智隧科技有限公司已实现营业收入300万元。

⑧ 牵引动力国家重点实验室罗世辉教授团队"中低速磁浮二代转向架"项目。

西南交通大学牵引动力国家重点实验室罗世辉教授团队自主研发的磁悬浮列车车架，采用了全新设计，因此在悬浮能力和自重比指标上有了显著的改进，1米长的磁悬浮车架可达到2.3吨的载重量，列车在车架上的行驶时速可达140千米。在最小曲线能力、最大运行速度两个指标上，已经超过德国、日本。新一代磁浮能效接近地铁，而运营成本仅仅是地铁的三分之一，转弯半径小、几乎没有噪声、绿色节能。由于对地面震动的影响较轻，中低速磁悬浮列车在城市轨道交通领域有着广阔的应用前景。2016年国内首条中低速磁浮铁路长沙磁浮快线已开始试运行，其运用的正是西南交通大学自主研发的中低速磁浮列车。

2015年12月，在得知西南交通大学即将出台"职务科技成果混合所有制"相关文件后，罗世辉教授团队迅速成立了由团队自然人成立的公司——成都勒科瑞科技有限公司，用以承接即将分割确权的70%知识产权奖励。2016年1月19日，西南交通大学出台了"西南交通大学九条"，允许将职务发明专利70%所有权利奖励给发明人团队或发明人团队自然组建的公司。2016年1月20日，罗世辉教授团队向学校提交了专利奖励申请，在学校放假前最后一天完成了该技术一系列核心知识产权分割的校内手续并提交到国家知识产权局，于2016年2月完成国家知识产权局变更手续。获得了70%知识产权的教授团队成果转化热情高涨，团队成员以极大的热情投入到后续的产业化研发工作中，不到一年时间，磁浮二代工程样车已完成设计、制造、调试、下线等一系列工作，目前已在国家磁浮中心成功完成了线路试验，并于2017年8月4日通过技术评审。

2016年9月，在罗世辉教授团队的推动下，成都市新筑路桥机械股份有限公司与中车大连机车车辆有限公司签署了《"第二代中低速磁浮列车交通系统"产业化的合作框架协议》，致力于将"第二代中低速磁浮列车"迅速实现成都市本地产业化。2017年西南交通大学、新筑路桥、中车大连投资6亿元，在成都市新津县兴建4千米长的磁浮二代试验线。成都市已规划在2020年建设15千米长的磁浮二代商业运营示范线。

⑨ 数学学院徐扬教授团队"系统可信性自动验证"项目。

西南交通大学数学学院徐扬教授团队"系统可信性自动验证"项目主要用于发现高可信性及高可靠性软件中存在的缺陷。项目理论基础是新兴的模型检验原理和形式逻辑自动推理理论，首先建立反映系统特性的数学模型，然后将模型和受验性质转换为严格的数学逻辑公式，最后借助命题逻辑求解器或一阶逻辑证明器在作为系统"镜像"的逻辑公式基础上进行逻辑推理，以证明系统的可信性。传统的软件测试方法不能穷举软件的所有执行路径及剖面，软件仍存在隐患。自动验证以逻辑推理方式穷尽未赋值变量所有可能的取值，从而穷尽软件的所有可能的执行路径，进而证明软件是否存在缺陷，产品是否具有广阔的市场空间。

徐扬教授团队的"系统可信性自动验证"历经30余年的研

究，先后出版著作 10 部，发表论文 900 多篇，相关理论曾获四川省科技进步二等奖，相关软件著作权 5 项，获得发明专利授权 11 项。但由于成果的国有资产属性，以及资金和转化政策的限制，使得项目团队有动力但没有权利转化，投资机构有意愿但有顾忌，成果一直在实验室被束之高阁。得知西南交通大学科技园正在推行职务科技成果混合所有制改革，明确了发明人团队可以持有 70%的知识产权，解决了团队的后顾之忧，极大地调动了科研人员的积极性。2014 年徐扬教授团队"系统可信性自动验证"项目进入天府新区西南交通大学研究院进行转化，并与研究院达成合作协议，研究院投入了 260 万元中试资金。2016 年，项目团队完成了产品开发工作，先后开发了 Scavel、Scavel PLC 等系统可信性验证工具并完成了相关测试。完成了中车集团"列车网络控制系统功能安全技术服务"和"列车网络控制系统验证技术服务"项目，获得 190 万元服务收入，并与中国运载火箭研究院评测中心针对 PLC 控制系统验证展开合作。目前为止已为航空航天、国防军工、核工业、卫星导航、轨道交通、信息电子等领域的 20 余家单位提供了验证服务，显现了独有能力。其中，中国工程物理研究院评测中心已将 Scavel 程序验证工具列入该单位技改项目中，预计合同金额 200 万元。2016 年天昱集团投资 1 000 万元与团队合作进行产品开发、销售。

⑩ 牵引动力国家重点实验室翟婉明院士团队"空铁列车－轨道梁桥耦合动力仿真、安全评估及设计优化技术"项目。

西南交通大学翟婉明院士团队"空铁列车－轨道梁桥耦合动力仿真、安全评估及设计优化技术"创立了全新理论体系，包括理论模型、数据算法、仿真技术、安全评估、优化设计等各个方面。在国内外首次建立了新能源空铁列车轨道梁桥系统耦合动力学模型，解决了轮轨顺时脱离的轨道力学建模问题，提出了大型复杂工程动力学方程快速数值积分方法，提出了新能源空铁列车轨道梁桥动态作用安全评估方法，研制了具有自主知识产权的新能源空铁列车轨道梁桥耦合动力学仿真系统。成为新能源空铁系统动态性能评估及优化设计的技术平台，对确保新能源空铁轨道交通的经济性、安全性、舒适性具有重大作用。

该专有技术包含的理论方法、仿真技术安全评估及优化设计技术，已成功应用于中唐新能源空铁试验线的空铁车辆和轨道梁桥的优化设计，从而验证了其成熟性、可靠性和有效性。在新能源空铁交通产业化过程中，为空铁车辆及轨道梁桥的优化设计，保证空铁系统应用安全性及行车舒适性提供了关键技术支撑。

（2）中试转化项目。

① 地环学院昝月稳教授团队"车载探地雷达系统"项目。

西南交通大学地环学院昝月稳教授团队"车载探地雷达系统"系列技术是针对铁路、公路、地铁隧道及地下结构的质量检测、病害普查和定期健康状态检测的高科技技术，该项目的五项关键技术处于国际领先水平，颠覆了传统接触式雷达检测技术，使检测速度从间歇式 5 km/h 提高到连续性 175 km/h，技术显著优势是检测效率高、成本低、安全性高，检测方案不干扰交通运输，实现了隧道及地下结构快速普检，为交通安全提供保障，技术推广应用前景良好。

昝月稳教授团队的"车载探地雷达系统"历经 15 年的研究，获得了 5 项国家专利授权（发明专利 1 项、实用新型专利 4 项），先后获得陕西省科技奖、中国铁道学会科技奖、全国发明展览会金奖等奖项。但由于转化政策限制、职务发明成果涉及国有资产流失等问题，技术成果始终未能实现转化。在西南交通大学科技园推行的职务科技成果混合所有制改革方案中，明确了职务发明专利股权分割办法，从而大大解决团队的后顾之忧，充分调动起科研人员的积极性。2014年昝月稳教授团队"车载探地雷达系统"项目进入天府新区西南交通大学研究院进行中试转化。

2015年，项目团队完成技术研发工作，研制出了产品样机，并在广州地铁进行上线测试。技术成果获得国际隧道与地下空间协会（ITA）技术创新奖。2016年，项目团队技术成果成功应用于乌鲁木齐铁路局、郑州铁路局3条铁路线的铁路路基检测，创收300余万元。项目团队先后与广州地铁、日本仓敷纺织株式会社、神州高铁初步达成技术合作协议。2017年，项目团队的技术产品将应用于神华集团、成都铁路局多条线路的铁路检测，地铁隧道、公路隧道检测领域的应用工作也将同步开展。2017年，技术成果转化为市场产品并进行销售，量产后实现年产值2000万元。

② 运输与物流学院郭孜政副教授团队"高铁关键岗适应性入职选拔及定期测评系统"项目。

轨道交通的快速发展，对列车驾驶员、行车调度员、行车值班员等轨道交通的关键岗位从业人员提出了巨大需求。事故统计结果表明，各类事故中与人为因素相关的占到事故总量的83%。轨道交通关键岗位从业人员的生理素质、心理健康、技能水平、安全意识是影响交通工具运行效率、准点性及运营安全的关键因素。交通运输部、中国铁路总公司多次发文，要求各地加强关键作业岗位从业人员的管理。开展轨道交通关键作业岗位人员安全研究，构建关键岗位从业人员安全保障体系，是确保城市轨道交通安全运营的重要举措。

据此，西南交通大学交通运输与物流学院的郭孜政副教授基于多年研究牵头成立了"高铁关键岗适应性入职选拔及定期测评系统"项目团队，聘请中国科学院心理研究所张侃院士作为专家顾问。该项目既关注关键作业岗位现实场景模拟，更注重建立关键岗位作业人员选拔、检测及矫正干预，研究领域目前已涉及空军、航天人员、道路驾驶员、高铁司机、高铁调度员、安检人员等，提供与岗位职能相匹配的系统解决方案和技术实现。

项目2016年进入天府新区西南交通大学研究院进行转化，一期计划投入中试资金150万元，目前项目在各方面都取得较快进展。团队多次到中国铁路总公司进行汇报，2016年6月，铁总科技研究开发计划课题"高铁调度员全职业周期作业安全适应性评价关键技术研究与应用"正式立项，这意味着项目取得了进入铁道行业进行成果转化的"通行证"。同年8月，由铁总运输局组织、中科院张侃院士亲自参与的开题会在北京顺利召开。与此同时，从2016年7月至今，团队人员多次前往武汉高铁培训段、武汉调度所、兰州调度所、成都调度所等单位进行随班作业调研，并聘用资深一线技术人员作为项目组咨询顾问，共同参与系统开发；前往北京、上海、深圳、武汉、广州等地的人员安全设备生产厂家进行承载设备调研；团队积极与铁路行业专家研讨样机开发与市场产业化步骤。这些调研考察工作为后期的系统正式出台与市场化打下坚实基础。目前，系统已形成初步框架，根据铁总运输局要求，系统模块在"成熟一个、测试一个、应用一个"原则下，在年底前投入到高铁调度新职班的人员培训中。

出台的《西南交通大学专利管理规定》和《西南交通大学职务科技成果转化实施细则》明确规定职务发明人可以拥有 70%的知识产权,为此,团队成员更是为之一振。待项目进入到下一阶段,计划以知识产权入股的方式成立创业公司。项目市场前景良好,产权明晰,这给了初创团队极大的激励和信心。

③ 土木工程学院崔凯教授团队"非饱和土三轴仪"项目。

西南交通大学土木工程学院崔凯教授团队研发的"非饱和土三轴仪"是依据非饱和土力学原理,在饱和土三轴仪设备基础上,研制和添加非饱和土控制和量测系统,对非饱和土样受压后内部排出的空气与水混合体的变化进行测定,从而实现对非饱和土参数的准确获取。该技术淘汰了传统陶土板方法,在技术上取得巨大突破,所测数据能够真实还原岩土真实应力情况,能够为岩土施工提供可靠的数据支持,为安全施工保驾护航。此非饱土三轴仪达到国际先进水平,填补了国内本类产品空白,具有广阔的市场前景。

2014 年崔凯教授团队"非饱和土三轴仪"项目进入由双流区政府与西南交通大学共建的成果转化机构——天府新区西南交通大学研究院进行转化,并与研究院达成项目合作协议,研究院投入中试资金 100 万元。因为有了"西南交通大学九条"对知识产权分割确权的预期,团队转化热情高涨,投入极大热情进行研发,2016 年项目团队完成技术研发工作,研制出了产品样机,并进行了相关试验验证及专家评审。此产品 2017 年销售额 200 万元。

【参考文献】

[1] 姜绍华. 斯坦福与硅谷的交融发展[EB/OL]. [2017-08-09].

https://www.sohu.com/ a/163468373_99940061.

[2] 韩小腾，严会超，郑鹏，等.中英高校科技成果转移转化比较研究及经验借鉴[J].科技管理研究，2019，39（7）：121-126.

[3] 隆云滔.中国科学院硬科技成果转化的经验与启示[J].改革与战略，2019，35（7）：44-50.

第 5 章 高校国有资产管理体制对职务科技成果转化影响分析

5.1 高校科技成果转化影响因素分析

科技成果转化是一项极为复杂的活动过程，转化过程中的各个环节充满了未知和风险，单凭高校自身力量是很难顺利完成的，需要社会各界多方参与、协同共进，仅凭一方力量不足以应对此项系统工程，多方协同才能实现共赢。高校科技成果转化离不开政府、企业、高校、中介机构等多方互动，更需要科技、资金、人才等资源要素良好运作，同时，相应的法律、政策、环境等外部要素要发挥支撑作用。

因此，高校科技成果转化是一项复杂的系统工程，涉及科研、生产、社会、经济等多领域，是高校与政府、企业之间相互联系、相互作用的结果。三螺旋理论强调了知识经济时代政府、产业和大学的合作关系，三方协同一体化推动创新螺旋上升，促进知识的生产、创新、转化、应用，最终创造价值。政府在科技成果转化活动中扮演着多种角色，直接主导了产业、科技、经济政策，是科技成果转化活动的裁判，但为了维持市场稳定，可能介入不足，同时，政府向高校投入科研经费创造科技成果成为成果提供方，政府投资采购科技成果又成为成果需求方，为了促成转化交易，可能过度介入；企业为了创新发展，通过投资成果、筹措资金、组织生产、经营销售从而获取利润，但需要对自身经济行为自负盈亏，而科技成果转化是一项高技术、高风险事业，实验室产生的成果先天技术不足，成果市场化又是对企业经营管理的挑战，其利弊影响企业决策；高校是科技成果的提供者，受制于内部决策、管理机制、学术体制，产生创新抗拒心理。政府、企业、高校在科技成果转化过程中表现为非合作博弈，政府的介入程度、企业的风险态度、高校的支持力度，可能使三方陷入"囚徒困境"，导致政策、资金等转化要素欠缺，载体、平台等支撑体系不足，服务、人才等转化资源稀缺。因此，各方面因素都会对科技成果转化产生影响，总体上来看表现为内部、外部两个方面。

5.1.1 内部因素

1. 基础条件

高校科技成果转化需要投入物资作为基础条件保障，如试验场地、仪器设备、材料工具等，从而确保高校科研活动的顺利开展，使科研人员潜心从事科技活动，让科技创新成为可能。高校基本办学条件发展建设需要结合科技活动、转化活动，按轻重缓急积极稳妥有序推进。

2. 经费投入

科技成果转化能够成功实施，资金投入不可缺少，无论是人力投入、材料投入、设备投入、改良投入、市场推广等，都离不开资金支持，可以说，充足的资金保证是科技成果转化的必要条件。然而，高校经常会发生一些项目因经费不足而无法开展，特别是在中试阶段，继续开发研究资金不足，致使科技成果不能成功转化为生产力，无法发挥出科技成果可能带来的经济效益。尽管政府部门科研经费的拨款逐年递增，但是经费主要还是集中在基础性研究层面，而要将基础性研究成果进一步推广，就要进行中试环节或者多次开发，如若没有后续资金投入，则难以支撑科技成果进入后续环节。现实情况是，部分高校在完成科研项目初步研发后，经费投入没有跟上，项目研究停滞，后续推广无力开展，导致高校有技术、没动力，使科技成果停留在基础研究阶段，即使科技成果拥有很高的质量，预期经济效益很大，但是受到经费不足的阻碍，无法顺利转化为生产力，这是导致科技成果转化率较低的主要原因之一。相较于发达国家，我国对于高校科研经费投入明显不足，随着企业更加依赖自身研发能力，导致对于高校研发能力的依赖性逐渐减弱，使得高校的资金来源更加稀缺。

3. 研究人员

一方面，高校拥有丰富的人力资源，各行各业优秀人才层出不穷，从事科技成果转化的人员数量也在稳步增长。但另一方面，高校科研人员承担了教学科研任务，因信息沟通渠道不畅，科研人员往往不能及时了解市场热点，导致科学研究活动不能很好适应市场需求。另外，目前部分高校关于科研评价机制看重论文、项目、获奖，忽视了科技成果转化，科研业绩考核没有设置与科技成果转化相关的考核指标，导致科研人员从事科研活动的目的仍然是以拿项目、发文章为主，科技成果往往停留在学术层面，其转化价值无法保证，不利于科技成果转化。同时，由于高校中负责转化工作的人员较少，有限的人力资源要应付复杂的转化工作，分身乏术，自然效率不高。在高校科技成果转化活动中，试验发展研究人员数量更是有限。因此，科研人员的质与量，直接影响着科技成果能否顺利实现转化。

4. 科技成果

我国现行科研资助体系下，大多数高校的科研项目都是由政府出资，由于科研选题与市场需求匹配度较低，更加偏向于基础研究，应用性研究相对较少，科学研究的导向不是应对市场需求，而是停留在学术层面，为了研究而研究，实际价值无从考核，并不能与市场需求有效连接，甚至偏离市场需求，对于应用性、实用性没有充分考虑，导致项目本身可转化程度不高，从而使得科技成果转化效率不高。科技成果转化，离不开社会需求，这是根本原动力，然而，高校承担的科研课题，大部分以理论性研究为主，应用程度不足，造成部分科研人员"闭门造车"，科技成果并不符合实际市场需求，研究成果多数以论文形式展现，分析测试、数据挖掘等工作受到许多条件限制没有深入研究，导致成果实用性不强，使得最终能被转化并实现产业化的较少。

尽管有一部分课题项目与企业联合协作，但由于没有开展足够长时间的测试，很多技术还停留在实验阶段，并不成熟，更未经历中试等环节检验，造成科技成果不能适应市场需求最终无法转化成为生产力。另外，由于高校不具备中试条件，大多情况下选择跳过中试环节，成果没有加以反复验证，自身技术成熟度不高，加大转化风险，让企业望而生畏，很显然，忽视了对于技术与工艺的要求，在转化后期就会暴露出很多问题。

5. 内部管理

稳定的科技成果转化环境，离不开科技政策支持，这能够让科研人员潜心研究。各类法律法规、政策制度从物质和精神两个层面鼓励科研人员，激发他们的积极性，采取各种各样的方式开展科技成果转化工作，但是这些政策及法规依然存在着实施细则不全、可操作性弱、关联配套不足等问题。为了保证科技成果转化的顺利实施，高校应根据国家宏观法律法规，在不触犯国家红线的前提下，制订一系列适应本校特点的科技成果转化细则，加强制度支持、大胆创新改革，以适度的优惠政策激发科研人员的积极性，提升科技成果转化效率。

5.1.2 外部因素

1. 管理机制

近年来，我国高校在推进科技成果转化方面进行了积极的创新探索，但总体上看，这种以市场为导向，以校企合作为主，以互利共赢为目标的合作机制尚未完全建立，仍然存在着高校与技术、市场供需脱节的现象。一方面，高校提供的科技成果可能不满足市场需要，无法适应企业实际；另一方面，企业找寻不到能够满足需求的技术，从而影响高校科技成果转化效率。由于"产学研"模式存在着规模较小、层次较低，还受到知识产权归属问题、收益分配问题等因素困扰，所以单一的"产学研"模式不能完美解决所有的问题。

在科技成果转化的过程中，知识产权问题尤为重要。科斯定理认为实现资源最优配置的前提是产权明确，科技成果具有国有资产属性，由高校代表国家持有，如果不转化，资产实际上是隐性的，不能增值；即便进入转化环节，国家所有实际上是无人所有。由于科技人员与科技成果天然地具有"亲子关系"，产权不清必然会降低科技人员转化意愿，除了个别人员热心奉献投入转化事业，大多数人不太会关心转化事宜，自然影响转化效率。因此，权属清晰、简政放权是确保转化实施的关键，有热心、讲奉献是值得提倡的，但国有放权、赋予成果完成人所有权才是长效的制度设计。

2. 成果评价

科研人员是影响科技成果转化的重要人力因素,研发、中试、市场化等整个环节都需要他们积极参与。因此,如何保证科研人员的科研动力将会直接影响到科技成果转化的效率。然而目前,我国高校的评价体系大多以发表论文、科研获奖等为考核指标,借以考核科研人员科研业绩。现行的科研评价考核体系使得科研人员为了业绩而考核、为了职称评定而研究,将大量时间、精力用在学术性研究,产出是论文而不是实际应用价值,从而忽视了科技成果的实际应用性与市场的需求性,导致高校的科技成果与企业所需要的科技成果存在一定差异,企业对科技成果的"求"与高校研发的科技成果的"供"无法形成有效关系。所以,一个合理的科研评价体系,将会起到导向作用,只有改变现行评价制度,设置更多的与转化相关联的指标,才能提升转化效率,改变科研人员进行科研动力的目标,将其从为了评职评奖研发科技成果转变为市场、企业的实际需求,而进行研发具有经济效益与社会效益的具有实用性的科技成果,高校科技成果转化率才能逐步提升。

3. 企业参与

总体而言,我国大部分企业依然缺乏自身研发能力,企业自身的创新发展还是依赖于高校等研发机构,尽管近年来有许多科技型企业正在发展壮大,但毕竟需要一个成长的过程,目前来看最有效的捷径是与高校密切合作,依靠高校科研创新能力来弥补企业自身在创新、技术等方面的缺失。在转化环节中,企业随时可能面临转化失败的风险,特别是我国当前科技成果转化风险机制并不健全,因此企业在转化初期就会有所顾忌,必然减缓转化速度，具体表现为对新科技成果市场化进程担忧，但最主要的问题是科技成果的中试环节，同高校一样，企业也存在着资金不足的问题，科技成果转化本身具有高风险，再加上昂贵的测试、试验、开发费用，使得很多企业不愿意承担太多风险。因此，应当适当考虑完善科技成果转化的风险应对机制，引入社会资本参与风险投资活动，提升科技成果转化效率。

4. 中介服务

专业的科技成果转化中介服务机构好比"媒人"，联结高校与企业、技术与市场，决定了科技成果转化效率。理想的中介服务机构的职责正是帮助高校寻找、介绍、联系成果需求方，形成了特殊的委托—代理结构，以代理人的身份面对高校，筛选成果、评估作价，通过成本共担、收益共享履行代理义务；又以委托人的身份面对企业，试用成果、协助转化，企业通过甄别试用效果决定是否采纳，通过其特有的专业能力加速科技成果转化。因此，需要科技中介服务机构参与，在市场上对接供需，发挥桥梁作用，降低交易成本。中介服务机构要及时了解企业所需评估技术困境，对接高校先期介入研究做好整体布局，提供价值评估、产权布局、创新创业等增值服务。同时，依托交易平台提供评估、营销、人才、财务、税务、法律、工商、管理等全方位服务并更加专业化。当然，中介服务机构是企业，无可避免会追逐利润。为了加速科技成果的有效转化，需要设计相应制度，规避当前不确定性、提高中介服务机构主动性，让投机变成投资。

5. 市场环境

科技成果推广是走向市场化进程的重要环节，是确保科技成果能够最终被市场认可的关键。现实情况是，高校科技成果推广体系尚未完全建立，无法承担此项重任，在科技成果推广的过程中，由于很多高校缺乏专业人才，也做不好推广工作。科技成果转化是一种交易活动，基于交易成本理论，在交易过程中存在着进入市场、信息检索、沟通谈判、履约执行、机会风险等成本。在高校与企业协作进程中，双方都要进行市场调查、搜集信息、寻求合作建立合约关系并监督、管理执行，双方都要为此付出代价确保自身利益。成果转化的不确定性、过程投资的高风险性、合作双方的机会主义都会引发交易成本过高，导致转化失败。成果完成人非常关注科技成果的经营成果和市场前景，希望将"混改"赋予的知识产权激励更多更快地变成价值激励，但担心与企业合作中利益受损；企业以盈利为目标，经营管理重视资金运作、投资融资，但对高校与成果完成人持怀疑态度，因此造成双方隔阂，使得合作机会丧失。因此，应当进一步健全完善科技成果转化的政策、服务、技术、投入体系，营造良好的市场环境。

5.2 高校国有资产管理体制对职务科技成果转化的影响

高校科技成果转化是一项复杂的系统工程，为加强科技成果管理，科技管理执行部门先后出台了一系列政策。继 2015 年 10 月 1 日修订的《中华人民共和国促进科技成果转化法》（中华人民共和国主席令第三十二号）施行后，2016 年 2 月，国务院印发了《实施〈中华人民共和国促进科技成果转化法〉若干规定的通知》（国发〔2016〕16号），同年4月，国务院办公厅印发了《实施促进科技成果转移转化行动方案》（国办发〔2016〕28号），8月，教育部、科技部公布了《关于加强高等学校科技成果转移转化工作的若干意见》（教技〔2016〕3号），10月，教育部办公厅印发了《促进高等学校科技成果转移转化行动计划》的通知（教技厅函〔2016〕115号）；2017年11月，财政部发布关于《国有资产评估项目备案管理办法》的补充通知（财资〔2017〕70号）；2017年12月，教育部办公厅发布《关于进一步推动高校落实科技成果转化政策相关事项的通知》（教技厅函〔2017〕139号）；2019年3月，财政部发布了《关于修改〈事业单位国有资产管理暂行办法〉的决定》（简称《决定》），该办法提出了一系列为科技成果转化"松绑加力"的政策措施。这也是自2006年《事业单位国有资产管理暂行办法》实施10多年来首次进行修订。此次修订充分尊重了科技成果转化的规律，《决定》对科技成果转化有关国有资产管理做出了一系列新规定，共修改8条、新增2条，将以前事前审批备案变更为交易及定价机制，机制程序规范、灵活高效，同时简化了有关评估程序，充分释放了科技成果在交易转化中的价值[1]。《决定》是针对我国高校科研人员科技成果转化积极性不高以及科技成果转化率普遍偏低的现象而出台的。不仅扩大了高校科研院所的自主权，有利于提高科技成果转化效率，加快了成果转化的速度，同时也为产权交易机构带来了新的发展和机遇。

可见，国家在系统布局以及整体推进科技体制改革方面做了很多努力，通过破除体制性障碍、打通机制性梗阻、推出政策性创新方面，显著增强了各类主体创新动力，优化了创新要素配置，提升了国家创新体系的整体效能，推动了我国科技成果转化事业取得重大进展[2][3]。然而职务科技成果国有化管理是我国的基本国情，虽然在探索混合所有制改革，但是总体上成果所有权归国有单位。高校国有资产管理体制对职务科技成果转化的影响具体体现在以下几个方面。

5.2.1 科技成果转化制约方面

科技成果国有资产化，即所有权只能归属高校所有，国有资产需要严格管理，高校也无法处置和转让国有资产。职务科技成果属于国有资产，评估作价入股后自然形成国有股权，高校无权将国有股划拨给科研人员个人，对职务发明人的股权奖励要通过国有股权交易系统实现，且需多个政府行政部门审批，这样就难以激励科研人员，导致科研人员在科技成果转化中不积极，也不愿转化或"地下转化入股"，形成实质性的国有资产流失。也有研究者称此为"国资诅咒"——高校面临"国有资产严格管理——成果所有权归国有单位——高校无权将国有股划拨个人——难以精准激励科研人员——成果无法或非法转移转化——实质性国资流失"的怪圈[4]。

2016年3月《国有科技型企业股权和分红激励暂行办法》出台以后，实现了对职务发明人和重要经营管理人员的股权奖励落地，但对股权奖励设置了许多限制条件，在此列举如下三个限制条件。

（1）企业近3年研发费用占当年企业营业收入均在3%以上；激励方案制定的上一年度企业研发人员占职工总数10%以上，企业成立不满3年的，不得利用股权奖励和岗位分红的激励方式。（使股权奖励至少延迟三年以上才可以落地）

（2）激励对象为与本企业签订劳动合同的重要技术人员和经营管理人员。（将使通过职务科技成果评估作价入股创办企业的高校教师和科研院所的科研人员失去被激励的资格，因为这些人的劳动合同在高校院所不在企业，也不会轻易将劳动关系转移到企业）

（3）单个激励对象获得的激励股权不得超过企业总股权的3%。

股权奖励的延迟性和不确定性，严重抑制了职务发明人转化积极性。《国有科技型企业股权激励暂行办法》对国有科技型企业意义重大，但对高校院所新创高科技、轻资产科技型企业意义不大、价值不高。导致"教授拿不到股权、学校干不成科技成果转化、政府得不到科技型企业"的局面依然普遍存在。

发达国家和地区多年的科技成果转化经验也证明：科技成果的国有资产化不利于科技成果转化。如美国1980年颁布的《拜杜法案》、英国1984年修订的《发明开发法》以及我国台湾地区所谓的科学技术"基本法"均放弃了国家对政府资助项目的成果所有权，从而使大学和研究机构的成果得到了较好的转化。我国科技成果转化率长期偏低也证明了这一点。我国专利的平均维持年限仅有3年左右，但一项专利发挥价值往往至少要5年以上。因此，大量的职务科技成果往往根本没有转化[4]。可以看出，高校国有资产管理体制严重影响和制约科技成果转化。

5.2.2 高校管理者层面

高校管理者层面担心追责、行政效率阻碍科技成果转化。目前，我国促进科技成果转化不断下放权力，加大授权力度[5]，高校在科技成果转化方面有了自主权[6][7]，高校被要求承担起科技成果转化的主体责任[8]。但是在实践中，职务科技成果的所有权为国家所有，是国有资产。

许多管理者认为，由于科技成果知识产权全归单位，高校又无权将入股后的国有股直接划拨个人，再加上"成果不转化、无人负责，成果一转化、有人问责"[4]。国家对科技成果转化率没有明确的要求，对于管理者来说，转化率是一条低压线。

科技成果转化必须先定价、后处置，而国有资产的处置就像一根红线。虽然国务院出台了科技成果的定价免责政策，但也是先有责后有免。高校科技成果管理部门的主要心态是"宁可放旧"，这也让许多科技成果从"成果"变成了"陈果"，这种担心追责、行政效率阻碍技术要素顺畅进入市场，也阻碍科技成果转化。

基于高校科技成果转化拥有自主权[9]-[11]，科技成果的转化过程还需要成果完成人予以推进，高校容许成果完成人通过相关平台进行自主转化，并不是直接实施转化[4]。作为科技成果所有权的单位，有对转化过程进行监督的责任，但是对于监督责任没有明确的政策，高校也怠于实施监督[12]。

因此，高校管理者担心被追责，大大降低了行政效率，高校的科技成果转化动力远远不足，怠于行使其权利。这表明高校无法承担科技成果转化的主体责任，因此应该尝试探索将职务科技成果转化的主体责任转移给职务发明人。同时，应当更加明确规定高校职务科技成果的所有权、转化权和收益权以及高校进行科技成果转化的义务和相应的义务履行机制[12]。

5.2.3　高校科技工作者层面

高校科研工作者层面，无从下手，科技成果转化积极性不高。

有学者研究认为，发明人和科技成果是"母子关系"，然而，高校国有资产管理体制导致科技工作者没有科技成果的所有权，也无权决策科技成果转化的相关事项，割裂了发明人与成果之间的"母子关系"，让科技成果成了"孤儿"。全国高校职务发明平均寿命只有3年多，3年后，职务科技成果就成了"弃儿"。因此，"没有发明人知识产权的职务科技成果先是个孤儿，后是个弃儿！"[4]

高校科研工作者在科技成果转化的过程中无从下手，风险自担。比如××大学教授付某的"抗击雾霾的关键技术"进入了大众视野，该案件涉及的科技成果转化中的决定权归属及转化收益等问题受到了大家的广泛关注。科研人员基于对刑事责任追究的恐惧，对科技成果转化更是望而却步，惶恐不安，非常不利于高校科技成果转化工作，也可以说是一种阻碍。值得庆幸的是，2018年9月，北京市海淀区人民检察院向北京市海淀区人民法院要求撤回对××大学教授付某的起诉，海淀区人民法院于次日做出准许撤诉的裁定[12]，付某无罪，这在一定程度上解除了科研工作者对科技成果转化涉及的刑事责任的担忧和恐惧。该案又一次得到了广泛关注，媒体争相报道，大众热议。这也是和科技成果所有权归高校，完成人只能获得一定的奖励，其他科技成果转化的收益归高校享有，完成人获得的转化收益少之又少，科研人员的创造性劳动未在科技成果所有权中得到承认和体现，无法激发他们的转化热情。

高校对科研人员的考核或者晋级没有科技成果转化方面的

要求，由于科技成果被认定为国有资产，即使高校的科研人员通过作价入股的方式参与到科技成果转化中来[13]，但是转化后全部是国有股。因此大量科研人员申请专利大多数是为了评奖和晋职，没有将保护知识产权、推广成果作为申请专利的目标。

有的完成人转化科技成果是为了让价值较低的成果尽快变现，而真正有价值的成果由于遇到诸多问题，则通过私下渠道转让获益。如一些科技成果完成人通过设立公司或寻找与校外公司合作的方式实施转化。有的完成人通过技术成果作价入股参与创办公司，但是入股后全部是国有股，后续会有很多繁杂的手续，以及国有股的议价和退出都存在较大的风险，完成人自行实施转化又可能引发诸如付某案的法律纠纷。他们时刻担心因产权分配不明确、转化机制失效等问题而陷入牢狱之灾。有好成果，没有产权，成果发明人就算创造出千条路、万条路进行科技成果转化，成功后，举报来了，检察院来了，这千条路、万条路就成了通往监狱之路了。这就需要有良好的科技法律制度对科技成果转化过程中所涉及的权利和义务进行明确规定，防范科研工作者由于担心陷入法律纠纷而止步科技成果转化。

2020年，科技部等九部门为深化科技成果使用权、处置权和收益权改革，进一步激发科研人员创新热情，促进科技成果转化，根据《中华人民共和国科学技术进步法》《中华人民共和国促进科技成果转化法》《中华人民共和国专利法》相关规定，印发了《赋予科研人员职务科技成果所有权或长期使用权试点实施方案》(以下简称《实施方案》)，探索建立赋予科研人员职务科技成果所有权或长期使用权的机制和模式，形成可复制、可推广的经验和做法，推动完善相关法律法规和政策措施，进一步激发科研人员创新积极性,促进科技成果转移转化[14]。

中央的科技政策是推动科技创新的力量源泉,但是再好的政策,如果不能有效落实,也只会成为"镜中花""水中月"。对于我国科技体制中存在的科研与生产"两张皮"、科研成果束之高阁,需通过落实政策、深化改革把"两张皮"粘起来,打通"神经末梢",畅通"最后一公里"[15],加快解决科研人员在课题申报、经费管理、人才评价、成果收益分配等方面遇到的问题,进一步加速科技成果向现实生产力的转化。

5.3 高校科技成果转化国有资产管理问题与症结

党的十八大以来,科技部、教育部深入实施创新驱动发展战略,围绕创新科技成果转化机制提出一系列措施。党中央、国务院对科技创新工作特别关注,并针对全国的科技成果转化出台了一系列文件。2015 年全国人民代表大会常务委员会修订的《促进科技成果转化法》,2016 年国务院颁布的《实施〈中华人民共和国促进科技成果转化法〉若干规定》,2016 年国务院办公厅印发的《促进科技成果转移转化行动方案》,被称为科技成果转化"大三部曲"。

2019 年党的十九届四中全会之后,中共中央又出台了相应的政策继续促进科技成果转化。2020 年 2 月,教育部、国家知识产权局和科技部联合印发了《关于提升高等学校专利质量 促进转化运用的若干意见》,该意见提出了一些新的重要理念,比如高校专利不仅要数量多而且要强,质量高更为重要。有高质量的科技成果出来后，我们才能推动高价值的转化，不能够把专利数量作为考核评价的依据，要把高质量作为依据；同年5月，科技部等九部门出台的《赋予科研人员职务科技成果所有权或长期使用权试点实施方案》[16]，这是党中央国务院的直接部署。出台该文件，把高校和科研院所职务科技成果的所有权与相关科研人员进行分享，是"促进科技成果转化的重大体制机制性的改革和突破"，堪比科技界的"小岗村改革"；同年5月，科技部、教育部出台了《关于进一步推进高等学校专业化技术转移机构建设发展的实施意见》。这三个文件称为科技成果转化的"小三部曲"，它们是"大三部曲"的延伸，也是科技体制改革探索的又一次重大事件和突破。

然而,我国现行法律制度规定对于职务科技成果所产生的专利权归单位所有[17]。因此，高校职务科技成果的专利权或专利申请权都归单位所有，也就是说这些科技成果的知识产权归国家所有，是国有资产[18]。国有资产的处置在我国具有严格的条件和程序规定。2020年5月，科技部等九部门颁布《赋予科研人员职务科技成果权属或长期使用权试点实施方案》[16]，标志着职务科技成果产权在单位与科研人员之间配置进入试点实施阶段。然而，现行《合同法》《科技进步法》《科技成果转化法》等法律相关规定对政策试点形成制约，弱化了政策实施力度，权属改革在全国试点效率有待进一步提高。再者，职务科技成果混合所有制的国有部分仍然是一个障碍。

赋予大学科技成果转化自主权,通过进一步下放职务科技成果的使用权、处置权、收益权以激发转化动力[19]。赋予科研人员科技成果所有权，是从权属规则设计上解决科技成果转化难的国家政策[20]。然而，科技成果转化涉及方面众多，权属分置制度只是其中一环，还需要众多的配套制度和规范。因此高校科技成果由于作为国有资产管理，还有很多现实的问题和困境。

5.3.1 无形资产管理制度不到位

在我国现行制度规定中，高校产生的科技成果均作为国有无形资产，其评估定价、产权转移、作价入股等主要环节都受到国有资产管理的相关规定制约[21]。2019年财政部修订的《事业单位国有资产管理暂行办法》（中华人民共和国财政部令第100号）第五十六条规定，国家设立的研究开发机构、高等院校对其持有的科技成果，可以自主决定转让、许可或者作价投资，不需报主管部门、财政部门审批或者备案，并通过协议定价、在技术交易市场通过挂牌交易、拍卖等方式确定价格。通过协议定价的，应当在本单位公示科技成果名称和拟交易价格。国家设立的研究开发机构、高等院校转化科技成果所获得的收入全部留归本单位。该办法第三十九条规定，国家设立的研究开发机构、高等院校将其持有的科技成果转让、许可或者作价投资给国有全资企业的，可以不进行资产评估。该办法第四十条规定，国家设立的研究开发机构、高等院校将其持有的科技成果转让、许可或者作价投资给非国有全资企业的，由单位自主决定是否进行资产评估。该办法第四十一条规定，事业单位国有资产评估工作应当委托具有资产评估资质的评估机构进行。事业单位应当如实向资产评估机构提供有关情况和资料，并对所提供的情况和资料的客观性、真实性和合法性负责。事业单位不得以任何形式干预资产评估机构独立执业。这一改革在一定程度上优化了现行国有技术类无形资产管理环境，同时也对单位成果转化自主权如相关内控制度的建立等提出了更高要求[21]。

然而,中国现行国有资产管理制度采用统一架构的模式管理有形与无形国有资产,无形资产管理沿用有形资产管理规则,忽略了两者的产权基础和市场交易基础的差异性,混淆了有形与无形资产的性质差异与价值区别[21]。因此,科技成果类无形资产从评估到转化等过程均缺乏独立的管理原则与转化规则[21]。科技成果转化如果采用资产评估的方式,则对无形资产的定价由权威和独立的资产评估机构给出。如果投资方和高校没有提前共同认可资产评估机构的定价,评估机构给出的定价不能完全反映科技成果真实的市场价值,只能以价格来描述科技成果的价值。定价出来后可能和出资者以及持有人之间谈判的价格相差甚远。依据统一的国有资产评估规则对无形资产进行评估,如果缺乏对科技成果等无形资产的价值认识和市场认识,无形资产的资产评估很容易变成国有有形资产的价格定位,无法反映其真实的市场价值,还会增加转化的交易成本,成为科技成果市场交易的障碍[21]。

由上述分析可见,现有的无形资产管理制度不到位,存在结构性失衡问题。基于我国特有的经济结构和侧重国有资产管理法律,无形资产管理无法从转化、服务、监管、应用等方面实现体系性的制度衔接。因此,无形资产制度亟须制定、优化和完善。不但需要改变理念认知,还需要从理论上、创新上重新梳理无形资产管理的法律结构,构建合理的促进科技成果转化的法律保障制度[21]。

5.3.2 公立高校行政管理体制的身份

我国公立高校处于行政管理体制之下,它的基本职能是教育教学、科学研究和创新开发等。科技成果转化涉及的对象众多，包括国有资产管理部门、高校主管部门、高校、发明人或者发明成果。进行科技成果处置设计具有其他功能的多个行政部门，各部门受自身的管理机制约束，同时也有自身利益的考虑，导致处置责任主体不明确，存在博弈。从实践中看，高校科技成果转化审批程序繁杂，如果经过全程审批程序，至少需要 6 个月的时间，各地区的科技成果审批程序和时间也不尽相同，跨地区的科技成果审批的难度更大，甚至被搁置，大大影响了科技成果转化的效率和实效性[20]，降低了科技成果推广应用的效率，也增加了科技成果转化的交易成本。市场经济讲究时效性，尤其对于高科技产品，它的生命周期随着科技创新的进步不断缩短，如果不能在第一时间根据市场需求转化应用，很可能造成商业价值的贬损甚至完全丧失价值，科技成果转化应用的实效将为零[21]。而且高校在职务科技成果转化的过程中可能会触及国有资产流失的"高压线"，虽然下放给高校自主处置权，但高校本身不具备科技成果转化的能力和动力。我国科技成果转化的评估制度尚未健全，存在着内容不细致、可操作性弱的弊端，制约着成果进入市场。

因此，结合我国实际，应赋予公立高校在科技成果转化方面独立行政法人的主体地位，使其具备成果转化完全自主权，有效降低转化成本，提高科技成果转化效率。

5.3.3 高校职务科技成果所有权归属

2015 年修订实施的《中华人民共和国促进科技成果转化法》标志着科技成果"三权"改革取得重大进展，增加了许多新的内容促进科技成果转化应用，但是没有解决所有权归属问题。高校科技成果是国有无形资产仍然是我国的基本国情，要着重保护成果所有权，防范国有资产流失。职务科技成果的国有属性要求高校在处置、使用成果时要遵循国有资产的严苛管理规定和限制。职务科技成果创新主体（科研人员）与产权主体是不一致的。既不利于充分利用发明成果，也不利于调动项目承担者进行成果转化的积极性[20]。

2019年修订的《事业单位国有资产管理暂行办法》中规定高校对其持有的科技成果，可以自主决定转让、许可或者作价投资。然而，高校以科技成果作价投资，何时办理产权登记？是在给予科技人员股权奖励之前还是之后？如果在给科技人员股权奖励之前进行产权登记，则需要办理两次登记，即股权奖励前后各需办理一次登记。这显然是没有必要的。

2020年科技部等九部门出台了《赋予科研人员职务科技成果所有权或长期使用权试点实施方案》。出台该文件，把高校和科研院所职务科技成果的所有权与相关科研人员进行分享，"所有权分享比例定多少"与"由谁出面为成果议价"是改革中非常重要的两个细节，需要更加深入的研究。

因此，为了促使高校积极进行科技成果转化，及时履行科技转化过程中的权利及义务，国家必须完善政府监督机制，从高校国有资产管理体制入手，转变传统的国有资产保全、国有股权等思想观念。科技成果国有资产化不利于科技成果转化，甚至阻碍科技成果转化。而且职务科技成果转化评估作价形成的国有股权奖励具有延迟性和不确定性、资产评估定价机制也制约转化。我们需要进一步开展各地科技成果转化的实地调查和走访，总结我国现行高校国有资产管理体制存在的不足，提炼归纳促进职务科技成果转化的优化机制，构建符合我国国情的现代化、科学化的体制机制，进一步促进职务科技成果转化。

5.3.4 高校职务科技成果处置难度大

按照事业单位国有资产管理办法，高校职务科技成果处置、使用和转让时，要履行严格的审批、评估备案或者核准手续，为了让各类流程符合法律和制度规定，避免承担风险，高校在实际科技成果处置过程中往往由多个部门共同行使处置权，导致了处置不但烦琐，而且效率低下。而且国家为了抑制投机主义行为以及国有资产流失，加大对国有股权转让的限制。因此，行政权力的介入在一定程度上限制了大学的转化自主权。2019年新修订的《事业单位国有资产管理暂行办法》[22]中，事业单位科技成果类国有资产的处置、核销不需主管部门、同级财政部门审批或备案松动，而且转化给非国有企业的也由单位自主决定是否进行资产评估，在一定程度上优化了科技成果管理环境，高校科技成果转化的自主权得以提升，但是同时对其内控制度和监管制度提出了更高的要求。2019年财政部出台了《关于进一步加大授权力度 促进科技成果转化的通知》[24]（简称《通知》)，科技成果转化有关国有资产管理授权后，为加强授权后对科技成果转化有关国有资产管理的监督，做到放管结合,《通知》分别明确了财政部、主管部门、中央级研究开发机构和高等院校的监管职责。一是财政部将加强对科技成果转化有关国有资产管理的监督，督促改进发现的问题，实现有效监管。二是明确中央级研究开发机构、高等院校主管部门的主体责任，要求加强对科技成果作价投资形成国有股权的管理，健全完善管理制度，建立内控和风险防控机制，加强监管约束。三是要求中央级研究开发机构、高等院校建立健全重大事项集体决策制度,按规定进行公示,接受监督,并对串通作弊、暗箱操作等低价处置国有资产的,按照有关规定进行处理。但是对于高校来说,目前制度还不尽完善。只有建立完善的内控制度和监管制度,才能保护管理者和科研人员尽心尽力开展科技成果转化工作。

5.3.5　高校科技成果收益权和考核制度缺位

按照《企业国有产权转让管理暂行办法》的规定,国有股权转让给个人的时候,股权转让行政手续非常复杂,审批时间周期极其漫长。目前,高校科技成果转化收益分配制度缺位,科技成果转化的奖励制度也不尽完善,作为发明人,在收益分配中不受重视,而且无法准确衡量科研团队中的个人贡献率,对成果转化收益分配造成一定影响,降低了科研人员进行科技成果转化的积极性。《通知》中规定,中央级研究开发机构、高等院校转化科技成果所获得的收入全部留归本单位,纳入单位预算,不上缴国库,主要用于对完成和转化职务科技成果做出重要贡献人员的奖励和报酬、科学技术研发与成果转化等相关工作。《赋予科研人员职务科技成果所有权或长期使用权试点实施方案》出台后[25][26],成果完成人可以获得股权激励,但是具体怎么分配还需要进行深入的探讨和研究。

当前对高校办学考核指标中,未在科技成果转化率考核方面做出具体规定,对科研人员的考核和晋升,大多数是论文发表和科研项目,基本没有考虑科技成果转化考核,大大影响了高校科技成果转化的主动性以及科研人员开展科技成果转化的积极性。

综上所述,科技成果的国有资产属性导致了在科技成果所有权归属、成果处置、收益权分配等方面都有一定的问题和困难[27][28]。而且无形资产管理制度不到位,考核制度缺位,均使科技成果转化产生了较高的交易成本,进而降低了成果转化率。为了解决高校科技成果产权不明晰以及交易成本存在的问题,职务科技成果权属混合所有制改革应运而生,让成果完成人积极参与到科技成果转化工作中来,这样可以极大地调动高校及科研人员的积极性和主动性,提高了科技成果转化的效率。

【参考文献】

[1] 惠梦.我国科技成果转化迈出重大步伐[N].中国财经报,2019-04-25(007).

[2] 习近平总书记2020年4月27日在中央全面深化改革委员会第十三次会议上强调 深化改革健全制度完善治理体系 善于运用制度优势应对风险挑战冲击[J].山东干部函授大学学报(理论学习),2020(5):1.

[3] 深化改革健全制度完善治理体系 善于运用制度优势应对风险挑战冲击[N].人民日报,2020-04-28(001).

[4] 张铭慎.如何破除制约入股型科技成果转化的"国资诅咒"?——以成都职务科技成果混合所有制改革为例[J].经济体制改革,2017(6):116-123.

[5] 董碧娟.科技成果转化迎重要政策突破[N].经济日报,2019-10-12(006).

[6] 李韵婷,曾慧君,张日新.协同创新视角下高校科技成果转化研究——基于广东和江苏166家高等院校的实证分析[J].科技管理研究,2019,39(8):201-207.

[7] 天津市科技成果转化交易现状及财政支持政策研究[J]. 天津经济，2019（5）：35-39，45.

[8] 宋波，鞠燕，徐飞. 我国高校科技成果转化模式探索 ——以西南交大为例[J]. 上海管理科学，2018，40（6）：117-120.

[9] 李昕，卞欣悦. 我国公立大学职务科技成果权属分置制度的困境与完善[J]. 湖南师范大学教育科学学报，2020，19（2）：11-19.

[10] 翟晓舟. 科技成果转化"三权"的财产权利属性研究[J]. 江西社会科学，2019，39（6）：171-179.

[11] 翟晓舟.职务科技成果转化收益配置中的权责规范化研究[J].科技进步与对策，2019，36（20）：128-133.

[12] 周海源. 职务科技成果转化中的高校义务及其履行研究[J]. 中国科技论坛，2019（4）：142-151.

[13] 聂常虹，武香婷.股权激励促进科技成果转化 ——基于中国科学院研究所案例分析[J].管理评论，2017，29（4）：264-272.

[14] 科技部等9部门印发《赋予科研人员职务科技成果所有权或长期使用权试点实施方案》的通知[J]. 科学中国人，2020（13）：64-66.

[15] 侯增谦. 打通科技成果转化"最后一公里"共同跨越科学前沿"最先一公里"[J]. 中国科技产业，2020（1）：7-8.

[16] 科技部等九部门印发《赋予科研人员职务科技成果所有权或长期使用权试点实施方案》的通知[J].科学中国人，2020（13）：64-66.

[17] 徐兴祥，饶世权. 职务科技成果专利权共有制度的合理性与价值研究 ——以西南交通大学职务科技成果混合所有

制实践为例[J]. 中国高校科技，2019（5）：87-90.

[18] 肖尤丹. 职务发明权属国家所有研究——兼论中国专利法中的国家所有权[J]. 中国科技论坛，2018（11）：77-86.

[19] 董碧娟. 科技成果转化迎重要政策突破[N]. 经济日报，2019-10-12（006）.

[20] 李政刚. 赋予科研人员职务科技成果所有权的法律释义及实现路径[J]. 科技进步与对策，2020，37（5）：124-130.

[21] 杨武松，赵业新. 科技成果转化中国有无形资产管理的制度障碍与对策[J]. 中国科技论坛，2015（12）：5-9.

[22] 中华人民共和国财政部令第100号. 财政部关于修改《事业单位国有资产管理暂行办法》的决定[J]. 中华人民共和国财政部文告，2020（1）：110-118.

[23] 沈春蕾. 授权力度加大 推动科技成果转化[N]. 中国科学报，2019-10-17（005）.

[24] 财政部关于进一步加大授权力度促进科技成果转化的通知[J]. 中华人民共和国财政部文告，2019（10）：8-9.

[25] 赵永新. 试水赋予科研人员职务科技成果所有权[N]. 人民日报，2020-05-20（012）.

[26] 四川省科学技术厅等六部门印发《关于扩大高校和科研院所科研自主权的若干政策措施》的通知[J]. 四川省人民政府公报，2020（3）：36-40.

[27] 骆大进，王雪莹，常静. 关于科技成果转化中成果权属问题的研究与思考[J]. 中国科技论坛，2019（10）：164-170.

[28] 李昕，卞欣悦. 我国公立大学职务科技成果权属分置制度的困境与完善[J]. 湖南师范大学教育科学学报，2020，19（2）：11-19.

第 6 章 职务科技成果混合所有制与国有资产管理

职务科技成果的国资属性导致了职务科技成果权属制度困境、身份困境，使成果转化产生了较高的交易成本，进而降低了成果转化率。职务科技成果的权利配置的单位主义模式，强调公平价值导向，为防止国资流失，而通过法定单位权属所有，却忽视了成果利用和产权的流动，导致了科技成果转化的低效。为了解决高校职务科技成果产权的不明晰以及交易成本存在的问题，职务科技成果权属混合所有改革应运而生，将成果产权在高校、大学科技园、科研人员团队、二级院系之间进行配置，能极大地调动各个利益主体从事和参与成果转化的主动性和积极性，这便是职务科技成果权属混合所有改革的发生逻辑。

6.1 职务科技成果混合所有制改革背景

《中华人民共和国促进科技成果转化法》（2015 年修订）基本解决了科技成果"三权"（使用权、处置权和收益权）在国家与单位之间的配置问题，而职务科技成果产权在单位与科研人员之间的配置在法律层面一直没有得到解决。未来，我国职务科技成果权属改革的重点是推动处置权和收益权在科研单位与科研人员之间建立激励兼容与可持续的分配关系。广大科研工作者作为职务科技成果的创造主体，探索赋予其职务科技成果产权，承认其价值创造的主体地位，这对于提高职务科技成果转化效率意义重大。2020 年 5 月，科技部等九部门印发《赋予科研人员职务科技成果权属或长期使用权试点实施方案》，标志着职务科技成果产权在单位与科研人员之间配置进入试点实施阶段。

6.2 职务科技成果转化的理论基础

6.2.1 资源论

资源是客观存在的，不以我们认知与否而灭失，资产是主观追求而得来的，可以得到也可以失去，资产是有正负的。资源和资产的关系，一定是先有资源，再有资产，资源大于资产。由于高校职务科技成果的学术性、阶段性、试验性所具有的不成熟性、不稳定性、非产品属性，使其难于直接在市场上交易，因此不具有明显价值属性；同时由于无法定价，高校资产负债表中也并不将职务科技成果作为资产列入，这说明高校职务科技成果是一种资源而不是资产。即使职务科技成果评估作价入股也不能说明其有多少资产属性，因其作价中隐含了发明人的"能力干股"或者说"身股"。高校职务科技成果只有通过天使投资、风险投资进行"勘探"，当确认具有"开采"价值后再引入产业资本"开采"，资源才会变成资产从而具有明显的价值属性。成果只有转化了才是资产，没有转化的成果不是资产。高校职务科技成果国有资产化，必然导致职务科技成果的"圣女"化，"圣女"化必然导致"剩女"，因此应该在观念上对高校职务科技成果去"资产化"[1]。

6.2.2 主体论

职务科技成果转化是一个复杂的系统工程，高校科研院所等研发主体面向市场进行科技创新是前提，企业是科技成果转化为现实生产力的重要载体，财政投入、金融环境以及相应的制度安排是科技成果转化畅通运行的重要保障。从转化模式来讲，主要有传统线性模式和新型网络模式两种。

1. 传统线性模式

传统线性模式是指科技成果转化位于创新价值链后端，即政府投资的研究工作产生研究成果后向现实生产力进一步转化的过程。科技成果转化源于20世纪60年代政府实施科技计划管理中对科研产出向现实生产力转化的要求。通常采用"技术转移"（Technology Transfer）或者是"新技术商业化"（New Technology Commercialization）来描述这一过程。

美国著名科技政策专家W.布什认为，基础科学研究是一种公共品，政府只要做好基础研究，其研究成果和培养的科技人才就会自然地由市场转化为生产力。这一观点成为战后美国科技政策的主流，也影响到其他许多国家，被称为科技的线性模型。科技成果的传统线性模式是W.布什线性模型的科技政策的体现。

在我国，《促进科技成果转化法》给出的定义为："科技成果转化是指为提高生产力水平而对科学研究与技术开发所产生的具有使用价值的科技成果所进行的后续实验、开发、应用、推广直至形成新产品、新工艺、新材料，发展新产业等活动。"可见，我国给出的科技成果转化的定义完全是传统线性模式。

2. 新型网络模式

在封闭创新环境时代，企业往往要独自承担应用研究、应用基础研究甚至基础研究的过长链条的研发任务，由此，曾出现的像贝尔实验室这样的企业实验室获得10多项诺贝尔奖。

20世纪80年代以后，随着全球化和知识经济的兴起，企业只依靠内部的资源进行高成本的创新活动，很难适应市场需求的快速发展和日益激烈的企业竞争，因此，大企业纷纷从基础研究撤出来，"开放式创新"（Open Innovation）逐渐成为企业创新的主导模式。相比以前封闭式创新而言，开放式创新模式下企业不仅要把创新的目标着眼于传统的产品经营上，还要积极寻找外部的合资、委外研究、技术合伙、技术特许、风险投资或战略联盟等合适的商业模式，把创新思想尽快变为现实产品和利润。

在开放创新模式下，科技成果的转移转化，是指为了促进产业的发展，政府、企业、科研机构、高等院校等利益相关方共同形成一个相辅相成的合作网络。科技成果转移转化不仅是指科研成果如何转变为现实生产力的过程，而且有了一系列的新内涵，主要包括政府资助的科技计划与项目甚至是基础研究项目都要考虑产业方面的需求，因而社会经济上的相关性成为遴选科技项目的重要标准；政府引导和鼓励研究机构、高校承担企业委托的研究项目，为经济社会服务成为政府研究机构与高校新的使命；政府创建或支持创建各种形式的产学研交流、结合的平台，使得政府研究机构或项目与企业自身研发活动的边界日益模糊等[2]。

3. 两种模式的比较

与传统的科技成果转化的线性模式相比，网络模式作为一种新兴模式，是一种不同于市场和层级式管理的新的组织模式，它不能被归于"从市场到行政层级制度的连续体"这样一个传统的组织模式中。在网络模式下，科技成果转移转化不仅仅是一个从实验室经过小试、中试到最后生产的直线过程，而是网络体系中的各方直接或者间接地参与到整个创新过程中，是一种信息的不断反馈、研发和转化路径的不断修正的过程。网络模式更加依赖于网络体系中各主体相互之间的各种关系、兴趣以及信誉，而较少受正式组织结构中的权力的影响。同时，它也不同于单纯的市场模式，网络模式下主体间更加注重长期关系的维护，而不只是一次合同和交易的得失。对于科技成果转移转化这样一个多主体的复杂过程，两种模式的比较如表 6-1 所示。

表 6-1 传统线性模式和新型网络模式比较

	线性模式	网络模式
合作基础	基于已有成果的后端转化	基于各自能力的互补性
信息交流方式	成果和技术的转移转化（单向）	基于相互关系的互动（双向）
冲突解决方法	关注交易合同与法律	关注合作信誉与社会规则
相互责任与义务	较低	较高
合作氛围与基调	较为僵化和死板	相互开放、互惠互利
选择自由度	独立，只考虑自身利益最大化	选择时需考虑合作伙伴情况
成果的价值实现	通过单一的科技成果受让方	通过网络体系中所有信息的接受者将成果应用于不同的方面
准入门槛	较高	较低
社会对该过程的控制程度	较高	较低
边界	较明显的边界界定，不易突破边界限制	边界的界定较模糊，有很高的可渗透性

6.2.3 价值论

职务科技成果是由高校提供技术条件、国家投入研究经费、发明人投入创造性劳动产生的。由于绝大多数成果尚未转化，国家无法支付发明人创造性劳动的报酬，即使高校根据科研工作量发放了科研奖金，其数额也无法匹配发明人的创造性劳动，职务科技成果实际上具有共同所有属性[3]：高校和国家是"爹"，发明人是"娘"。但现有体制割裂了发明人与成果之间的"母子"关系，造成了成果"有爹没娘"的事实。没有所有权，发明人就无权决策科技成果转化事项，职务科技成果就成了"孤儿"。有研究表明：全国高校职务发明平均寿命只有3年多。

我国科技投入总量是世界级的，但是很少有世界级成果。全国政协委员李健认为职务科技成果不转化也是国有资产流失。投入数以万亿计的资金换来的研发成果，如果不能对我国的经济建设和社会发展发挥应有的推动作用，就是一种浪费。为此李健建议，要切实转变思想观念，创新管理体制与机制。应充分认识到科技成果类无形资产的特殊性和时效性，如果不能及时转化，也是国有资产的严重流失。基于此，我们不能用管理固定资产的思维和方法来管理科技成果类无形资产，应该不断创新管理体制和机制，充分调动广大科研人员积极性，特别是收入分配改革制度。完善科技项目立项和成果评价的机制。

6.3 职务科技成果混合所有制实践成果

促进经济增长不仅需要自然资源的充分利用和科技进步，还需要先进的产权制度、管理制度和分配制度等经济体制去适应社会生产力的发展。改革开放40多年来，我国经济的高速增长首先依赖于体制改革，其次依赖于科技进步。随着我国社会经济发展进入新时代，经济社会发展将更加依赖于科技进步和科技创新，因此科技成果转化必将进一步凸显其重要作用。

作为职务科技成果混合所有制改革第一个"吃螃蟹"的西南交通大学，通过不断的实践与研究，得出一个结论：科技成果转化难的核心问题是职务科技成果国有资产化。在不能将高校院所拥有的知识产权"非国有化"的情况下，可行的方案是"职务科技成果混合所有制"：职务科技成果由国家与职务发明人共同所有，实现高校院所拥有的知识产权"部分非国有化"。这是在实质上借鉴《拜杜法案》，并适应中国国情的唯一可行制度设计。

西南交通大学"磁浮二代"项目在"职务科技成果混合所有制"政策出台后的3天内就完成了分割确权，一年内完成了工程样车的设计、制造、调试、下线等一系列工作，现已完成在国家磁浮中心的线路试验，于2017年8月4日通过技术评审。翟婉明院士团队的"空铁列车－轨道梁桥耦合动力仿真、安全评估及设计优化技术"在国内外首次建立了新能源空铁列车轨道梁桥系统耦合动力学模型，已成功应用于中唐新能源空铁试验线的优化设计。在新能源空特交通产业化过程中，上述优化设计专有技术，为保证空铁系统的应用安全性及行车舒适性提供了关键技术支撑。2017年5月，该项专有技术评估作价2 500万元，由学校和院士团队按3∶7比例共同持有，以增资扩股方式入股注册资本金为2亿元的四川中唐空铁科技有限公司，获得11.11%的股权，实现了该非专利成果的第一次"IPO"。

国家知识产权局局长申长雨对学校的"职务科技成果混合所有制"改革十分赞赏，在全国知识产权局局长会议上要求"深化知识产权权益分配改革，总结四川高校职务发明混合所有制改革经验，破解高校科研院所知识产权转化难突出问题"。职务科技成果混合所有制改革得到了全国的高度关注，2017年中央全面深化改革委员会办公室、中国共产党中央委员会办公厅、中华人民共和国国务院办公厅、国家发改委、科技部、国家知识产权局等国家部委到成都进行了调研。2017年5月31日，中央电视台《新闻联播》头条，再次以"科技强国，创新圆梦——我国科技界坚实推进科技改革发展"为题，报道了学校"职务科技成果混合所有制"制度创新成果。西南交通大学在校内进行的"职务科技成果混合所有制"改革试验，并不仅仅是为了解决科技成果转化难的问题，更是希望通过这场探索试验推动国家科技体制、机制的重大改革。

【参考文献】

[1] 田红，阮琦，盛利."职务科技成果混合所有制"：科技成果转化的"西南交大试验"[EB/OL]. [2016-05-11]. https://news.swjtu.edu.cn/ShowNews-12323-0-1.shtml.

[2] 吴寿仁. 科技成果转化若干热点问题解析（八）——对企业是科技成果转化主体的几点认识[J]. 科技中国，2018（1）：56-61.

[3] 吴寿仁. 如何判断科技成果的转化价值[J]. 华东科技，2019（6）：58-60.

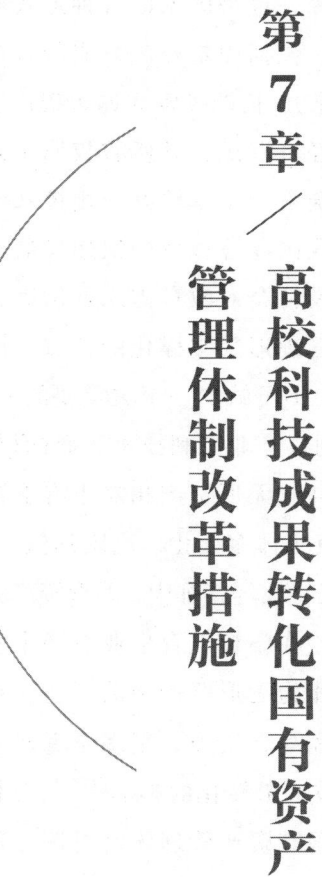

第 7 章 高校科技成果转化国有资产管理体制改革措施

我国高校属于事业单位，主要职责是人才培养、科研创新、社会服务、文化传承。高校在行使职能时，伴随着资产的购置、入库、使用、处置等事项。高校国有资产是指高校占有或使用的能以货币计量的经济资源，也是国家以各种形式对高校投资和投资收益等形成的资产，包括固定资产、流动资产、无形资产（科技成果、知识产权等）、长期投资和递延资产等。高校的国有资产作为一种庞大的经济资源，其所有权属于国家，控制和使用权属于学校。它是衡量一个学校办学规模和教学科研发展水平的重要条件。随着我国高等教育的快速发展，国家对教育单位的投入不断增加以及社会对教育需求量增大，形成了高校国有资产数量大、资产管理形式多样化的特点。因此，高校国有资产管理是高校管理中不可缺少、至关重要的一部分。

高校无形资产包括专利权、非专利技术、商标权、著作权、土地使用权、特许权等。高校无形资产相对于有形资产而言具有非实体性、独创性、投资主体多元化、高附加值、不确定性、价值扩散性、时效性、可交易性等特征[1]。无形资产是高校的一项珍贵而重要的办学资源，在学校教育事业发展中发挥着越来越重要的作用。科技成果作为无形资产中的一类，在一定程度上体现了高校的创新能力和综合实力。很多学者研究了高校国有资产管理体制对职务科技成果转化的影响[2]-[5]。分析高校科技成果转化影响因素发现，国有资产管理体制对职务科技成果转化影响巨大，也是核心问题。

做好国有资产管理工作，更是促进科技成果转化的必要条件。随着高等教育事业的不断发展，高校资产规模越来越大、配置标准越来越高，但由于管理手段未能及时跟上，造成家底不清、闲置浪费，高校资产的价值效益与高校发展的物资需求这一矛盾问题日益突出。因此，管好用好国有资产，对于推动科技成果转化工作十分重要且必不可少。科技成果市场定价、科技成果转化收益分配、无形资产管理等，其根本目的是使实验室内产生的科技成果发挥出经济价值，实现国有资产保值增值。

众所周知，高校是我国科技创新的主要主体，是推动我国创新驱动发展战略的主力军。近年来，由于国家的高度重视和大力支持，我国的科技成果数量不断提升，专利申请数量不断增加[6]。然而，在实践中，出现了高校科研成果转化难、利用难的问题。虽然拥有庞大数量的科研成果，但很多高校却始终将科技成果束之高阁。这样的状况，与我国高校的科技成果转化水平较低有关，也与科技成果转化和国有资产管理之间的矛盾有关[6]。

李克强总理在与科学家座谈时指出：我国的科技体制改革仍需进一步深化，现行制度在科技成果的所有权、处置权和收益权上，没有完全理顺企业、科研院所、科研人员之间的关系，不利于调动各方的积极性，不能从根本上释放创业创新的动力和活力[7]。我国高校面临的"高校职务科技成果虽多，但转化能力却十分薄弱"的核心问题是职务科技成果国有资产化。

科技成果只有转化才能真正实现创新价值、不转化是最大损失的理念，创新促进科技成果转化的机制和模式，着力破除制约科技成果转化的障碍和藩篱，通过赋予科研人员职务科技成果所有权或长期使用权实施产权激励，完善科技成果转化激励政策，激发科研人员创新创业的积极性，促进科技与经济深度融合，推动经济高质量发展，加快建设创新型国家[8]。

高校科技成果转化国有资产管理体制改革措施。分别从创新国有资产管理模式、探索科技成果权属模式、优化科技成果评估备案与产权登记、构建科学合理的法律制度、健全科技成果内部管理等方面提出改革建议。

7.1 创新国有资产管理模式

改革科技成果转化过程中的资产管理模式，是高校服务社会、为社会创造价值的体现。高校作为国家创新体系的重要主体之一，承担着科学研究的职责，在知识创新和技术创新等方面肩负重任，大力推动科技成果转化工作，助推高新技术产业快速发展，为我国产业结构升级和促进经济持续增长做出直接贡献，这是高校的职责所在。高校作为与企业联系最为紧密的创新主体，应将科研体制改革作为其转型发展的战略支点，打破传统的对于理论研究与基础研究的依赖，更加注重应用性研究和技术性研究，成为应用性研究成果的供给主体，促进科技成果转化，更好地服务于区域产业发展和推动经济转型升级。

创新科技成果转化过程中的资产管理模式，是贯彻党中央、国务院着眼建设世界科技强国的战略要求。立足于创新驱动发展的国家战略，面对新时期提出的新目标和新任务，高校科技工作有了行动指南和规划方针，立足成果创造，依靠思想、人才、资源创新，大胆改革科技成果转化方式以及资产管理体制，为实现中华民族伟大复兴贡献应有的力量。

高校调整原有管理方向，改革创新国有资产的管理制度，是市场经济所提出的要求，也是促进高校健康发展的关键。在实施体制改革的进程中，高校如何在全新市场环境中获得更多的经济效益，并实现国有资产价值的不断提升，同时避免出现国有资产占用和资产流失的问题，是高校国有资产体制改革中的所要考虑的重点[9]。

优化科技成果转化国有资产管理方式。充分赋予试点单位管理科技成果自主权，探索形成符合科技成果转化规律的国有资产管理模式。高等院校、科研机构对其持有的科技成果，可以自主决定转让、许可或者作价投资，不需报主管部门、财政部门审批。试点单位将科技成果转让、许可或者作价投资给国有全资企业的，可以不进行资产评估。试点单位将其持有的科技成果转让、许可或作价投资给非国有全资企业的，由单位自主决定是否进行资产评估[10]。

7.2 探索科技成果权属模式

高校是国家科研的重要组成部分，拥有知识水平较高、数量较多的科技人员队伍，是推动科技创新的主力军之一，应在推动经济社会发展中发挥更加重要的作用。科技成果转移转化情况是衡量高校科技创新对经济社会发展贡献的重要指标之一。

根据现行行政事业单位国有资产管理体制，明确了高校科技成果转化有关国有资产管理的授权规定。为促进地方科技成果转化，要求地方财政部门将支持科技成果转移转化、推动科技创新作为重要职责，落实授权精神，结合本地区经济发展、产业转型、科技创新等实际需要，制定具体规定，进一步完善科技成果国有资产管理制度。同时，鼓励地方开拓创新，探索符合科技成果国有资产特点的管理模式[11]。

《国务院关于优化科研管理提升科研绩效若干措施的通知》（国发〔2018〕25号）指出，开展赋予科研人员职务科技成果所有权或长期使用权试点。科技部、财政部、教育部、中科院等相关部门和单位要加快职能转变，优化管理与服务，加强事中事后监管，放出活力与效率，管好底线与秩序，为科研活动保驾护航。要开展对试点单位落实改革措施的跟踪指导和考核，对推进试点工作不力、无法达到预期目标的，及时取消试点资格、终止支持。对证明行之有效的经验和做法，及时总结提炼再在全国推广[12]。

开展赋予科研人员职务科技成果所有权或长期使用权试点。对于接受企业、其他社会组织委托项目形成的职务科技成果，允许合同双方自主约定成果归属和使用、收益分配等事项；合同未约定的，职务科技成果由项目承担单位自主处置，允许赋予科研人员所有权或长期使用权。对利用财政资金形成的职务科技成果，由单位按照权利与责任对等、贡献与回报匹配的原则，在不影响国家安全、国家利益、社会公共利益的前提下，探索赋予科研人员所有权或长期使用权。将科技成果归属于高校和发明人共同所有意味着由学校和发明人负责科技成果的经营管理（在发生技术转让后，科技成果的经营权将进一步转移给企业），如果科技成果混合所有，发明人的风险意识将会极大地提高，这会激励发明人更科学地接轨市场进行科技成果转化。对使用财政资金形成的职务科技成果，单位按照权利与责任对等、贡献与回报匹配的原则，在不影响国家安全、国家利益、重大社会公共利益的前提下，可赋予科研人员所有权或长期使用权[10]。

研究表明：科技成果转化难的核心问题是职务科技成果国

有资产化。在不能将高校院所拥有的知识产权"非国有化"的情况下，可行的方案是"职务科技成果混合所有制"[13][14]：职务科技成果由国家与职务发明人共同所有，实现高校院所拥有的知识产权"部分非国有化"[15]。这是在实质上借鉴《拜杜法案》，并适应中国国情的唯一可行制度设计。只有彻底改变职务科技成果原于国有无形资产的认知，才能彻底消除　障碍。

7.3　优化科技成果评估备案与产权登记

教育部印发的《关于规范和加强直属高校国有资产管理的若干意见》（教财〔2017〕9号）（简称《意见》）中指出，高校要履行科技成果评估备案管理职责。高校科技成果资产评估备案工作，授权高校负责。《意见》还指出，高校要结合科技成果转化工作实际情况，根据国家有关规定，制定适合高校的科技成果资产评估项目备案工作操作细则，同时科技成果资产评估机构的选聘工作规范化，并按照要求严格审核科技成果资产评估各项资料，完善档案管理，切实做好科技成果资产评估备案工作。高校科技成果转化管理部门负责填写国有资产评估项目备案表，提交相关备案材料。高校国有资产管理部门负责手里备案材料，并按时完成备案手续，每年度终了15个工作日内，还需将本年度科技成果评估项目备案情况汇总表报送教育部，教育部汇总后报财政部。如西南交通大学在《意见》出台后，随后制定了《西南交通大学科技成果资产评估项目备案操作细则（试行）》，学校科技成果评估备案管理工作由科学技术发展研究院（简称"科研院"）、资产与实验管理处（简称"资实处"）共同负责。具体分工为：科研院负责组织开展评估工作，收集备案相关材料，及时提交备案申请；资实处负责评估项目的备案工作，按照教育部关于评估备案要求完成评估备案手续。

高校科技成果资产评估备案工作授权高校负责。然而由于高校需要填报国有资产评估项目备案表，这样科技成果发明人就需要按照要求准备一系列资料。占用了发明人大量的时间。建议满足一定要求的科技成果评估后，可以进行公示等程序，相关备案材料由发明人自行负责留存备查，即评估不限制，备案自主化，这样可以更加激发科研人员的积极性。

2019年修订的《事业单位国有资产管理暂行办法》规定，事业单位国有资产产权登记（以下简称"产权登记"）是国家对事业单位占有、使用的国有资产进行登记，依法确认国家对国有资产的所有权和事业单位对国有资产的占有、使用的行为。科技成果可以通过资产评估的方式进行转化，也可以通过协议定价、在技术交易市场挂牌交易、拍卖等市场化方式确定价格[16]。成果评估作价入股形成的国有资产不再办理产权证。

7.4 构建科学合理的法律制度

更新产权理论认知，指导促进科技成果转化的国有无形资产管理制度的建构，不能将无形资产混同有形资产管理。需从理论认知到制度修正或创新上重新审视中国现行国有无形资产管理的法律结构,构建科学合理的促进科技成果转化的法律保障制度[17][18]。

没有制度创新,绝大多数的管理和技术创新都不会产生。技术创新需要承担非常高的成本、风险,因此需要基本的制度保障。世界上能快速发展的发展中国家,创新的首位必然是制度创新,而不是技术创新。制度的核心是产权制度,为创新提供基本的资源配置。因此,有必要从产权制度层面解决科技成果转化难的问题。同时也要看到,科技体制改革任务落实还不平衡不到位,一些重大改革推进步伐不够快,相关领域改革协同不足,一些深层次制度障碍还没有根本破除。要从体制机制上增强科技创新和应急应变能力,加快构建关键核心技术攻关新型举国体制,补短板、强弱项、堵漏洞,提升科技创新体系化能力。要创新科技成果转化机制,打通产学研创新链、产业链、价值链。要抓好科研经费管理、科研评价、科技伦理、作风学风建设等基础性制度落实,激发创新创造活力[19]。

显然,专利权的私权属性与公有制体系、国家所有权的固有冲突关系,不会因为专利法中相关规定的删除而自动消失,而只能以更为复杂的观念冲突、制度冲突和适用冲突的复合性形态继续存在。目前这种冲突更为激烈的表现是,在新一轮科技体制改革中专利制度、科技成果转化制度和科教事业单位国有财产管理制度的不协调、不一致。

国有无形资产管理过按照"鼓励探索、允许试错"的原则,在肯定职务科技成果混合所有制改革具有积极意义的同时,针对其存在的问题抓紧出台有关政策措施,尽早形成促进科技成果转移转化可复制的经验,推动科技经济更紧密结合。

着力解决推广职务科技成果混合所有制改革的合法性问题。

要以《专利法》的修改或暂缓执行为突破口,以全面创新改革试验区为依托,优先解决特定区域内推动职务科技成果混合所有制改革的合法性问题。一是推进《专利法》第六条内容的修改,赋予科研人员职务科技成果所有权或长期使用权实施产权激励,激发科研人员创新创业积极性,促进科技与经济深度融合,加快建设创新型国家。二是在全面创新改革试验区的既有体制框架内,在中央、省级和市级分别成立由发改部门牵头,科技、教育、财政、知识产权、国资等部门共同参与的专项改革协调小组,专门负责就有关政策措施进行磋商协调。其中,科技、知识产权部门主要负责讨论《专利法》的修改问题;国资部门主要负责探索建立并逐步完善国有无形资产的管理制度,尤其是与国有无形资产对价的国有股的管理办法。

不断加强对职务科技成果混合所有制改革的跟踪监测与宣传教育。要严格执行《促进科技成果转移转化法》关于科技统计和报告的规定,从制度层面逐步规范技术转移转化的统计监测、定期报告与宣传教育。一是加强对技术转移转化及其改革的统计监测和定期报告,及时掌握重大科技项目成果转移转化动态,最大程度避免不合规确权导致的不良后果。二是加大宣传教育力度,引导科研人员认识非法和违规技术成果转移转化的严重性,逐步树立起阳光转移转化、规范转移转化的理念。

改革科研项目立项和组织实施方式,坚持目标引领,强化成果导向,建立健全多元化支持机制。完善专业机构管理项目机制。加强科技成果转化中试基地建设。支持有条件的企业承担国家重大科技项目。建立市场化、社会化的科研成果评价制度,修订技术合同认定规则及科技成果登记管理办法。建立健全科技成果常态化路演和科技创新咨询制度[20]。

7.5 健全科技成果内部管理控制

对于赋予科研人员科技成果所有权和长期使用权改革,其意义不在于跨越机构为发明人进行强制"确权",而在于为法人机构开辟更多制度空间,在机构如何处理与个人之间的权利关系方面提供更多的路径选择。无论是权利的让渡还是更有效的组织协同,其核心都要依赖于良好的内控制度建设,促进市场参与者之间能够通过博弈、谈判形成最优解决方案。加快推进高校、科研院所管理制度改革,建立中长期绩效综合评价制度,将科技成果转化、创新效益产出纳入单位评价指标;加强绩效评价结果与科研管理机制的衔接,充分发挥绩效评价的激励约束作用;进一步扩大科研机构成果转化自主权,对其充分"放权",使之获得完整的成果处理、转让和转化权限,减少行政干预和制约。至于机构是否将成果权属转移给发明人,则应由其根据有利转化、有利发展的原则自主决定,允许高校院所以促进转化为导向,以市场定价为依据,自主决定将成果转让或授权(含独占授权)给企业或个人。坚持权责一致原则,细化自主权的行使规则,形成完善的内控机制和外部监督机制。

要建立免责机制,需要流程到位、管理制度到位,要为高校科技成果转化"松绑",要建立尽职免责的条款,通过技术转移机构的建设,本质上要推动这套机制在一所高校的全面建立。

目前,部分科研人员创业存在诸多限制,部分科研院所和大专院校的人事管理制度与单位工资总额限制在一定程度上抑制了科研人员的创业积极性,同时加大了创业融资的难度,也增加了投资的风险。因为种种原因,科研机构不愿意"放人",认为离职创业就不能为单位做贡献;一些想离职创业的科研人员,又怕国家政策得不到贯彻落实。

建立科技成果转化风险防控体系。建议科研院所认真学习国家和地方各项促进科技成果的政策制度，结合自身科技成果转化工作的特点，建立风险防控体系，对科技成果转化关键环节进行有效风险防控。在成果处置前，开展标的技术情况调查、技术受让人情况调查、交易方案调查与分析以及审批程序合规性调查等尽职调查；建立科技成果转化审批流程，围绕许可、转让、作价投资、收益分配、兼职和离岗创业等方面细化操作流程和异议处理程序；明确交易关联方的确认标准，明确侵犯他人知识产权、擅自实施和转让或变相转让、转化过程中弄虚作假和非法谋利等行为的法律责任等。

涉及国家秘密的职务科技成果的赋权和转化，试点单位和成果完成人（团队）要严格执行科学技术保密制度，加强保密管理；试点单位和成果完成人（团队）与企业、个人合作开展涉密成果转移转化的，要依法依规进行审批，并签订保密协议。加强对赋权科技成果转化的科技伦理管理，严格遵守科技伦理相关规定，确保科技成果的转化应用安全可控。

建立分类的科研人员考核机制，对于从事应用研究的科研人员，将签订的科技成果转化合同（技术许可、转让和作价投资）的进款等纳入科技成果转化类高级专业技术岗位评聘条件；单列成果转化（推广）岗位，成果转化类指标列入职称评审标准中，科技成果转化管理人员不仅可以评副高职称，特别优秀的还可以评正高职称，提高科技成果转化管理人员积极性。

大力消除政策不配套与不衔接的现象，打通"确权"之后科技成果从专利走向产品的转移转化全流程。一是完善科技人员兼职、离岗创业制度。探索将科技成果转化相关指标纳入职称评审和聘任体系的办法，研究新设重大科技成果转化系列职称，在产业技术研究院等新型机构优先试行新设类别的评聘。二是完善"双肩挑"人员的管理制度，允许非法人单位行政正职的"双肩挑"人员依法获得现金与股权激励，研究试行科研机构、高校领导干部正职任前在科技成果转化中获得股权的代持制度。

促进科技成果转化工作流程化和清晰化。高校按照科技成果的不同转化方式，制订相应的工作流程图，每个环节标明需要准备的材料和应该注意的事项，大约需要审批的时间等信息。科研人员可以根据科技成果转化方式"对号入座"，并在转化各阶段积极配合管理部门推进相关工作，从而降低科技成果转化过程中的沟通成本，缩短科技成果转化工作办理时间，促进科技成果转化规范和顺畅。

高校建立科学决策机制，成立由院所领导牵头、各相关业务部门参与的科技成果转化领导小组和工作组（可邀请院外技术专家、投融资专家参加），根据国家战略和地方产业需求，从技术、人才、法律、知识产权、市场应用前景等多方面进行论证，把握方向，顶层设计；对转化的科技成果，整合科研院所内部的人财物力量，从人员、用房、经费、激励等方面给予倾斜，对接科研院所外部资源，引入民间资本，构建投融资服务平台，通过资本服务，加快科技成果转化。

【参考文献】

[1] 刘扬国，程冬梅，陈义陆，等.高校无形资产管理的探索与实践——以中国石油大学（北京）为例[J].高教学刊，2019（8）：47-49.

[2] 卢伟，张海军. 地方高校科技成果转化绩效影响因素研究——以辽宁省 30 所高校为例[J]. 中国高教研究，2019（11）：48-54.

[3] 王玲. 高校科技成果转化存在的问题与对策[J]. 实验室研究与探索，2019，38（5）：265-268.

[4] 骆大进，王雪莹，常静. 关于科技成果转化中成果权属问题的研究与思考[J]. 中国科技论坛，2019（10）：164-170.

[5] 李昕，卞欣悦. 我国公立大学职务科技成果权属分置制度的困境与完善[J]. 湖南师范大学教育科学学报，2020，19（2）：11-19.

[6] 唐丹蕾，王琦. 科研院所与高校科技成果转化问题与建议[J]. 中国发明与专利，2020，17（2）：92-98.

[7] 任珍珍. 河南省"大众创业，万众创新"发展现状及对策[J]. 现代商贸工业，2017（36）：7-8.

[8] 科技部等九部门印发《赋予科研人员职务科技成果所有权或长期使用权试点实施方案》的通知[J]. 科学中国人，2020（13）：64-66.

[9] 朱育雄. 高校国有资产管理体制的改革与创新[J]. 产业与科技论坛，2020，19（9）：287-288.

[10] 科技部等九部门印发《赋予科研人员职务科技成果所有权或长期使用权试点实施方案》的通知[J]. 科学中国人，2020（13）：64-66.

[11] 财政部印发《关于进一步加大授权力度 促进科技成果转化的通知》[J]. 中华人民共和国财政部文告，2019（10）：8-9.

[12] 国务院印发《关于优化科研管理提升科研绩效若干措施的

通知》[J]. 中华人民共和国国务院公报，2018（22）：24-27.

[13] 刘凤，张明瑶，康凯宁，等. 高校职务科技成果混合所有制分析 —— 基于产权理论视角[J].中国高校科技，2017（9）：16-20.

[14] 康凯宁，刘安玲，严冰. 职务科技成果混合所有制的基本逻辑 —— 与陈柏强等三位同志商榷[J]. 中国高校科技，2018（11）：47-50.

[15] 彭泽龙. 探索高校职务科技成果混合所有制改革的思考[J]. 科技经济市场，2019（12）：76-77，86.

[16] 财政部印发关于修改《事业单位国有资产管理暂行办法》的决定[J]. 中华人民共和国财政部文告，2020（1）：110-118.

[17] 李政刚. 我国科技创新立法的价值重塑及制度因应[J]. 科技管理研究，2020，40（9）：13-19.

[18] 朱一飞. 高校科技成果转化法律制度的检视与重构[J].法学，2016（4）：81-92.

[19] 深化改革健全制度完善治理体系 善于运用制度优势应对风险挑战冲击[N]. 人民日报，2020-04-28（001）.

[20] 中共中央、国务院印发《关于构建更加完善的要素市场化配置体制机制的意见》[N]. 人民日报，2020-04-10（001）.

# 第 8 章 高校科技成果转化障碍的再分析

众所周知,高校是科技成果转化过程中的重要主体,对于促进"大众创业、万众创新"具有重要作用。关于高校科技成果转化障碍的研究,现有文献主要从转化效率及其影响因素角度切入,研究表明我国高校科技成果转化效率整体不高,且各地区之间存在较大的差异,影响效率的因素主要分为内部和外部两个层面,内部因素主要是高校管理体制、科研经费、成果特性、转化意愿等,外部因素则表现为政策法规不配套、中介服务不到位等。

由于高校科技成果转化是一个集科研、生产、销售于一体的过程,具体表现为高校依托项目开展研究产生具有潜在市场价值的科研成果,通过自主、委托、股权转让等多种方式转化为商业价值。目前普遍认为科技成果转化存在起点(成果创造)—中段(中试环节)—终点(产业化)三个阶段,高校在起点阶段发挥了主导作用,但在后续阶段还需要多方参与共同发力,通过技术孵化、科技服务、专利转让、开发应用等活动,最终实现商业价值。因此,有必要基于科技成果转化实现路径,沿着"成果—中试—产业化"基本路线,挖掘每一环节的深层障碍,分析科技成果转化障碍形成的内在机理,探索促进科技成果转化的有效策略。

8.1 障碍分析

三螺旋理论强调了知识经济时代政府、产业和大学的合作关系,三方协同一体化推动创新螺旋上升,促进知识的生产、创新、转化、应用,最终创造价值。政府在科技成果转化活动中扮演着多种角色，直接主导了产业、科技、经济政策，是科技成果转化活动的裁判，但为了维持市场稳定，可能介入不足，同时，政府向高校投入科研经费创造科技成果成为成果提供方，政府投资采购科技成果又成为成果需求方，为了促成转化交易，可能过度介入。企业为了创新发展，通过投资成果、筹措资金、组织生产、经营销售从而获取利润，但需要对自身经济行为自负盈亏，而科技成果转化是一项高技术、高风险事业，实验室产生的成果先天技术不足，成果市场化又是对企业经营管理的挑战，其利弊影响企业决策。高校是科技成果的提供者，受制于内部决策、管理机制、学术体制，产生创新抗拒心理。政府、企业、高校在科技成果转化过程中表现为非合作博弈，政府的介入程度、企业的风险态度、高校的支持力度，可能使三方陷入"囚徒困境"，导致政策、资金等转化要素欠缺，载体、平台等支撑体系不足，服务、人才等转化资源稀缺，产生以下四个方面的转化障碍，如图8-1所示。

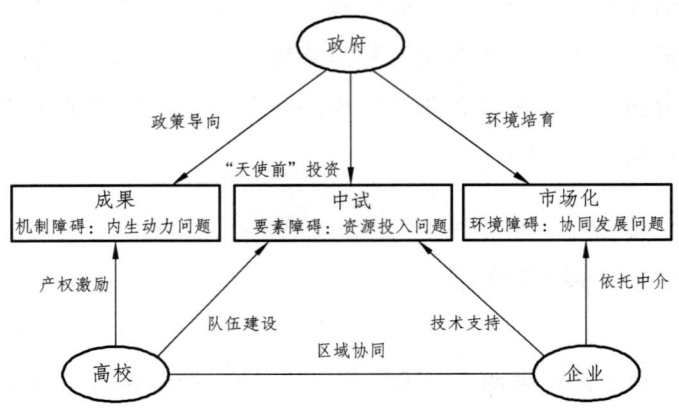

图 8-1　高校科技成果转化障碍示意

8.1.1 技术成熟与认知障碍

科技成果转化不是简单的商品买卖，但从长期过程来看，科技成果最终要让企业接得住、市场消费得起，必须遵循供需理论。

从供的角度来看，高校承担成果创造的重要任务，是科技成果转化的前提。在成果质量方面，随着国家创新驱动发展战略深入实施，科技成果转化重视程度进一步提升，由于国家技术发明奖、国家科技进步奖越来越重视成果的发展前景与潜在效益，国家对于科研应用性验收考核力度也逐年加大，促使高校科研活动更加重视应用与转化，科研成果转化价值进一步提升。在转化意愿方面，"混合所有制改革"将国有改变为国家与科技成果完成人混合所有，将奖励前置为知识产权激励，"先确权、后转化"有效激励了成果完成人，让转化收益可预期，大大刺激了积极性。高质量的成果、强烈的转化意愿构成了科技成果转化的必要条件和前提保障，起点阶段存在的成果特性与转化意愿障碍基本得到了有效解决，但学术成果不等于工业成果，教授也不是研发工程师，市场化之路任重而道远。

从需的角度来看，中试、开发、推广、商业化等因素是影响科技成果能否成功转化的关键。美国航空航天局（NASA）提出"技术成熟度"概念，指出科技成果要在技术水平、工艺流程、配套资源、技术生命周期等方面具备产业化实用程度，需要经历基础研究、应用研究、技术开发、工程化、产业化等九级历练，但在技术开发、工程化、产业化等环节，非高校科研人员所擅长，也非高校一己之力能够完成，一旦技术不成熟、中试不成功，就会造成科研成果不能满足市场需求，导致先进技术未运用到规模生产、成果优势未体现出商业效益，这本质上是高校在市场、技术、社会、经济、商业等方面存在认知障碍。就高校科技成果而言，需要兼容研究的先进性与市场的接受度，但科研人员往往善于捕捉前沿而对市场认知不足，工艺技术很难通过实践检验，导致不符合普遍的生产规律、不具备成熟的实施条件，大大降低了成果转化的社会和经济效益，而高校科研人员商业技能不足也会动摇信心产生抗拒心理。因此，中试研发尤为重要，以实现市场化为终极目标，首先攻克工程技术性难关，通过寻求多方协作，破除高校认知障碍，打通实现路径。

8.1.2　中试研究与投资障碍

科技成果本质上还是知识经济，要具有市场价值，需要经过中试这一重要环节，通过再度开发和应用，转变为真正的生产力。《中国科技政策指南》将"中试"定义为"经初步技术鉴定或实验室阶段研发取得成功的科技成果到生产定性以前的科技活动"。可见，中试是科技成果转化实现路径的中间环节，也是促进科技成果快速转化的必经之路。中试环节是科技成果的实验室形态到产业化形态的过渡，不仅仅是将实验室研究做简单的规模放大，也不单单局限于研制测样，更重要的是，进一步验证实验室研究发现的关键技术并进行优化、完善和提高，解决实验室研究忽略的诸如工艺设计、流程再造、批量试制、质量检验等生产实现问题，使科技成果技术可实现、成本可控制、市场可推广。中试的本质就是工程性的技术创新。

然而，高校因实验场地有限、试验研究经费不足，许多科技成果只是处于实验室阶段甚至是理论构想，距离生产实际还有较大差距，中试环节大多开展不力，导致科研成果始终停滞在实验室阶段。即便仅有的少数试验研究，一方面，由于没有可借鉴的成熟经验，只能照抄照搬成型工业装置的实施，设计人员与研发人员结合不足，导致很多科研成果系统性不高、技术成熟性不够、配套性不强、工艺连续性差，条件尚不成熟就盲目转化，必然导致转化失败。另一方面，由于成果要与企业、市场结合，必须进行多次开发、推广，其间需要投入大量资金且很有可能不能转化为预期收益，高校收入来源依赖财政拨款较为单一且多表现为"吃饭财政"（人力资源成本高）无钱可出，科技成果需求方的企业因经济风险太高瞻前顾后，社会投资毕竟有限且因中试本身的高风险性而避之不及，一旦中试资金链断裂，将会延误转化进程，难以实现产业化。因此，要解决中试阶段投资问题，建立完善的金融支撑体系，打消高校与企业顾虑，确保科技成果转化可持续地推进。

8.1.3 转化运作与专业障碍

科技成果转化离不开"转化人"的作用。"转化人"在这个过程中扮演了至少五种角色：① 工业人，筛选成果组织进行中试、研发；② 指导人，提供政策、法律、工商、税务及财务咨询；③ 商务人，围绕技术交易居间协调；④ 投资人，作为国有股东代表行使权利；⑤ 经理人，创办企业的公司治理。以美国为例，科技成果转化过程中引入了技术经理人全程参与，不仅包括中介服务，还包括前期的一系列调研评估，中期的跟踪服务，后期的市场开发，技术经理人要求具备工程学力背景、商业知识、工业经验。可见"转化人"工作内容丰富、工作难度高,需要精通工业技术、商业运作,还要熟悉法律、税务、财务等知识,绝非谁都能干。

"转化人"不能简单等同于"牵线搭桥",其作用不容忽视。已有研究表明,成果转化岗位设立对促进科技成果转化具有正向影响。如果能够把那些处于休眠状态的成果进行再次开发,使其更加接近市场,其价值更是不可估量。但现实情况是,"转化人"队伍不足已经成为制约成果转化的瓶颈,许多高校并未设置专门从事科技成果转化的机构或是从事转化工作的人员,行政管理色彩较强而专业程度较弱,"转化人"队伍何在?造成这一现象的根本原因在于"转化人"激励不足。尽管《中华人民共和国促进科技成果转化法》第四十四条明确规定"职务科技成果转化后,由科技成果完成单位对完成、转化该项科技成果做出重要贡献的人员给予奖励和报酬",但现行机制对于"转化人"激励不足。同成果完成人一样,"转化人"也是理性经济人,在转化活动中二者利益一致,为了实现"双赢",制度安排要遵循"激励相容"。因此,要延续知识产权激励理论逻辑,制定吸引人才的激励措施,建立一支高素质的转化队伍。

8.1.4　中介服务与交易障碍

科技成果转化是一种交易活动,基于交易成本理论,在交易过程中存在着进入市场、信息检索、沟通谈判、履约执行、机会风险等成本。在高校与企业协作进程中,双方都要进行市场调查、搜集信息、寻求合作建立合约关系并监督、管理执行,双方都要为此付出代价确保自身利益。成果转化的不确定性、过程投资的高风险性、合作双方的机会主义都会引发交易成本过高,导致转化失败。成果完成人非常关注科技成果的经营成果和市场前景,希望将知识产权激励更多更快地变成价值激励,但担心与企业合作中利益受损;企业以盈利为目标,经营管理重视资金运作、投资融资,但对高校与成果完成人持怀疑态度,因此造成双方隔阂,使得合作机会丧失。因此需要科技中介服务机构参与,在市场上对接供需,发挥桥梁作用,降低交易成本。

专业的科技成果转化中介服务机构好比"催婚催育人",联结高校与企业、技术与市场,直接决定了科技成果转化效率。理想的中介服务机构的职责正是帮助高校寻找、介绍、联系成果需求方,形成了特殊的委托—代理结构,以代理人的身份面对高校,筛选成果、评估作价,通过成本共担、收益共享履行代理义务;又以委托人的身份面对企业,试用成果、协助转化,企业通过甄别试用效果决定是否采纳,通过其特有的专业能力加速科技成果转化。但现实情况是,我国科技成果转化中介服务机构规模小、能力弱,据《中国科技成果转化 2018 年度报告》高等院校与科研院所篇统计,我国科技成果转化专业服务机构数量较少,仅有 264 家专门机构,这些机构规模普遍较小,业务大多还停留在专利、补贴申请等初级阶段,与科技成果转化的巨大市场相比,服务能力和专业水平有待进一步提升。因此,要帮助中介服务机构良性发展并提升业务能力,从而借助其力量,协调高校与企业关系,破除交易障碍。

8.2 实证检验

8.2.1 研究假设

借鉴高校科技成果转化效率及其影响因素研究成果,基于技术成熟与认知障碍、中试研发与资金障碍、转化运作与人才障碍、中介服务与交易障碍四个方面障碍形成的内在机理分析,本书提出以下研究假设。

H_1:中试研究是实现科技成果转化的重要过程,中试研究对于科技成果转化具有促进作用,具体地表现为以下两个方面:

H_{1a}:加大试验发展经费投入能够显著促进科技成果市场化。

H_{1b}:在高校科技成果转化进程中,试验发展对于高校发明专利走向市场化起到了正向调节作用。

H_2:科技服务是实现科技成果转化的桥梁纽带,科技服务对于科技成果转化具有促进作用,具体地表现为以下两个方面:

H_{2a}:加大科技服务人员投入能够显著促进科技成果市场化。

H_{2b}:在高校科技成果转化进程中,科技服务对于高校发明专利走向市场化起到了正向调节作用。

8.2.2 样本与数据

本章以我国高校为研究对象,选择2013—2018年各地区(省、自治区、直辖市)高校作为研究样本,并按照国家统计局对我国地区分类标准,分别对东部、中部及东北部、西部做了进一步研究,其中,东部包括北京、天津、河北、上海、江苏、浙江、福建、山东、广东、海南;中部和东北部包括山西、安徽、江西、河南、湖北、湖南、辽宁、吉林、黑龙江；西部包括内蒙古、广西、重庆、四川、贵州、云南、西藏、陕西、甘肃、青海、宁夏、新疆。以 2013 年为研究起点，主要考虑 2012 年底党的十八大明确提出的创新驱动发展战略，便于考察新时代高校科技成果转化情况。

本章数据来源于教育部正式公布的《高等学校科技统计资料汇编（2013—2017 年）》、国家统计局正式公布的《中国科技统计年鉴（2014—2019 年）》。所有数据首先运用 Excel 完成初步的收集、整理、计算，然后利用 SPSS 22.0 进行统计分析。

8.2.3 模型与变量

参考现有高校科技成果转化效率研究方法，本章构建多元回归模型与变量定义如下：

$$Sales_{i,t} = \alpha + \beta_1 Development_{i,t} + \beta_2 Patent_{i,t} + \\ \beta_3 Development_{i,t} \times Patent_{i,t} + \beta_4 Control_{i,t} + \varepsilon \quad (1)$$

$$Sales_{i,t+1} = \alpha + \beta_1 Development_{i,t} + \beta_2 Patent_{i,t} + \\ \beta_3 Development_{i,t} \times Patent_{i,t} + \beta_4 Control_{i,t} + \varepsilon \quad (2)$$

式中：$Sales_{i,t}$ 表示 i 省份（自治区、直辖市）第 t 年高新技术产业新产品销售收入；$Sales_{i,t+1}$ 表示 i 省份（自治区、直辖市）第 $t+1$ 年高新技术产业新产品销售收入；其他变量下标含义同，具体含义见表 8-1。

模型（1）、（2）用于验证假设 H_{1a}、H_{1b}，模型（1）考察当年试验发展对科技成果市场化的影响；模型（2）考虑了转化的时间周期，故将市场化变量滞后一年。

$$Sales_{i,t} = \alpha + \beta_1 Service_{i,t} + \beta_2 Patent_{i,t} + \\ \beta_3 Service_{i,t} \times Patent_{i,t} + \beta_4 Control_{i,t} + \varepsilon \quad (3)$$

$$Sales_{i,t+1} = \alpha + \beta_1 Service_{i,t} + \beta_2 Patent_{i,t} + \\ \beta_3 Service_{i,t} \times Patent_{i,t} + \beta_4 Control_{i,t} + \varepsilon \quad (4)$$

模型（3）、（4）用于验证假设 H_{2a}、H_{2b}，模型（3）考察当年科技服务对科技成果市场化的影响；模型（4）考虑了转化的时间周期，故将市场化变量滞后一年。

变量定义如表 8-1 所示。

表 8-1　变量定义表

变量类型	变量名称	变量符号	变量解释
因变量	市场收益	Sales	各地区高新技术产业新产品销售收入/万元
自变量	试验发展经费	Development	各地区高校试验发展当年支出经费/万元
	科技服务人员	Service	各地区高校科技服务项目投入人员数量/人
	专利成果	Patent	各地区高校有效发明专利件数/件
控制变量	R&D 人员	$Control_{1\text{-}2}$	各地区高校 R&D 人员投入数量/人
	R&D 经费		各地区高校 R&D 经费投入规模/万元

8.2.4　描述性统计

表 8-2 是主要变量按年度划分的描述性统计结果。统计显示，我国高校有效发明专利件数与高新技术产业新产品销售收

入逐年同步增长，高校有效发明专利件数由 2013 年的 4 480 件增长到 2017 年 9 783 件，增幅 118.37%；高新技术产业新产品销售收入由 2013 年的 10 074 067.87 万元增长到 2018 年的 18 352 952.16 万元，增幅 82.18%，初步表明以专利为代表的高校科技成果对于高新技术产业收入增长具有促进作用。而高校在试验发展与科技服务方面的投入呈现出不规则升降趋势，初步表明中试研究、中介服务持续发展态势不稳定。

表 8-2　主要变量描述性统计（年度均值）

年度	Sales/万元	Patent/件	Development/万元	Service/人
2013	10 074 067.87	4 480	35 926.23	446
2014	11 449 733.94	5 096	30 041.65	481
2015	13 359 190.55	6 500	29 435.52	497
2016	15 136 852.65	7 913	35 926.90	479
2017	17 273 261.54	9 783	36 061.20	540
2018	18 352 952.16	—	—	—

表 8-3 是主要变量按地区划分的描述性统计结果。统计表明，我国科技成果转化事业在各地区发展不平衡，在专利发明、试验发展、科技服务等方面，东部地区优势明显、西部地区相对落后。

表 8-3　主要变量描述性统计（地区均值）

地区	Sales/万元	Patent/件	Development/万元	Service/人
东部	34 119 881.74	13 072	52 106.26	749
中部、东北部	7 938 660.64	5 168	32 107.41	567
西部	2 559 246.29	2 772	19 018.34	220

表 8-4 是按照各地区年度市场收益高低分组均值 T 检验结果。结果表明，2013—2017 年，市场收益高的地区在试验发展经费投入与科技服务人员投入显著高于市场收益低的地区，高额的市场收益依赖于在试验发展与科技服务方面的大量投入。

表 8-4 主要变量分组均值检验

年度	Development/万元			Service/人		
	高/万元	低/万元	T 值	高/人	低/人	T 值
2013 年	60 201.33	10 922.94	4.678***	729	181	3.077**
2014 年	53 116.60	8 408.88	4.647***	702	275	1.970*
2015 年	47 838.20	12 183.00	4.155***	779	235	2.845**
2016 年	63 200.80	10 357.63	4.503***	766	210	3.313***
2017 年	63 722.47	10 128.75	5.075***	858	242	3.784***

注：***、**、*分别代表在 10%、5%、1%的水平上显著，下同。

8.2.5 回归分析

表 8-5 是中试研究对科技成果转化影响的回归分析结果。无论是对当年市场收益影响还对次年市场收益影响，Development 的系数分别在 1%、5%的水平上显著，表明加大试验发展经费投入显著提高新产品市场收入，中试研究有效促进科技成果市场化，假设 H_{1a} 得到验证。相比东部地区，中部、东北部、西部地区 Development 的系数分别在 1%、5%的水平上显著，表明在中部、东北部、西部地区加大试验发展经费投入更加有效。中试研究的调节作用在对次年市场收益影响方面通过检验，Development*Patent 的系数在 5%的水平上显著，表明试验发展对于高校发明专利走向市场化的过程中起到了正向调节作用，

假设 H_{1b} 得到验证，但对当年市场收益影响的检验不显著，可能是因为高校发明专利最终走向市场需要一定时间周期过程。

表 8-5　中试研究对科技成果转化的影响

	$Sales_{i,t}$				$Sales_{i,t+1}$			
	全样本	东部	中部、东北部	西部	全样本	东部	中部、东北部	西部
Development	0.428* (1.703)	0.947 (0.735)	4.805*** (3.145)	0.122** (2.285)	0.307** (2.099)	0.210 (1.275)	0.778*** (3.281)	0.414** (2.161)
Patent	0.720** (2.208)	0.908* (1.685)	3.744*** (2.793)	0.422 (0.735)	0.358* (1.920)	0.150 (0.778)	0.218 (1.100)	1.025*** (5.812)
Development*Patent	0.675 (1.361)	1.267 (1.596)	6.266** (2.584)	1.205 (1.427)	0.299** (2.171)	0.555*** (3.319)	0.112 (0.503)	0.685*** (2.991)
$Control_1$	0.083 (0.465)	0.433 (1.665)	−0.374 (−0.858)	−0.150 (−0.521)	0.405** (2.365)	0.424 (1.349)	−0.415 (−1.447)	0.204 (0.942)
$Control_2$	0.321 (1.359)	−0.094 (−0.270)	−0.494 (−0.848)	1.615*** (3.832)	0.063 (0.271)	−0.131 (−0.343)	−0.265 (−0.920)	1.583*** (4.103)
N	152	50	45	57	153	50	45	58
调整后 R^2	0.695	0.775	0.525	0.706	0.667	0.774	0.421	0.738

注：各变量取自然对数进入回归分析，下同。

表 8-6 是科技服务对科技成果转化影响的回归分析结果。从对当年市场收益影响来看，Service、Service*Patent 系数为正但不显著，表明科技服务对科技成果市场化有正向促进作用，但由于存在转化周期，故在当年效果显著。从对次年市场收益影响来看，Service、Service*Patent 的系数分别在 1%和 5%的水平上显著，表明加大科技服务人员投入能够显著促进科技成果转化获得市场收益，科技服务对于高校发明专利走向市场化起到了正向调节作用，假设 H_{2a}、H_{2b} 得到验证。从区域角度来看，无论是对当年市场收益影响还对次年市场收益影响，相比其他地区，东部地区的 Service、Service*Patent 的系数均显著，表明科技服务对东部地区高校科技成果转化促进作用更加明显。

表 8-6 科技服务对科技成果转化的影响

	$Sales_{i,t}$				$Sales_{i,t+1}$			
	全样本	东部	中部、东北部	西部	全样本	东部	中部、东北部	西部
Service	0.062 (0.270)	1.910*** (3.819)	0.763 (0.450)	0.192 (0.509)	0.349* (1.754)	1.818*** (3.607)	0.294 (0.164)	0.290 (0.827)
Patent	0.523** (2.483)	0.190 (0.586)	0.425 (0.410)	0.484 (1.480)	0.505** (2.544)	0.194 (0.594)	−0.043 (−0.040)	0.130 (0.443)
Service*Patent	0.326 (1.118)	1.153** (2.647)	0.578 (0.242)	0.580 (1.215)	0.706*** (2.584)	1.084** (2.468)	0.061 (0.024)	1.071* (2.621)
$Control_1$	0.228 (1.242)	−0.976 (−0.073)	−0.644 (−0.440)	0.158 (0.535)	0.246 (1.318)	−0.817 (−1.022)	−0.681 (−0.561)	0.193 (0.821)
$Control_2$	0.351* (1.941)	1.020*** (3.122)	0.439 (1.548)	0.900 (0.108)	0.431** (2.238)	0.871** (2.646)	0.485* (1.698)	1.215*** (3.891)
N	152	50	45	57	153	50	45	58
调整后 R^2	0.697	0.814	0.151	0.753	0.673	0.811	0.140	0.732

为了使研究结果更加稳健，本文用各地区高新技术产业新产品数量（Items）代替各地区高新技术产业新产品销售收入（Sales），回归分析结果见表 8-7、表 8-8，结论与前述一致，不再赘述。

表 8-7 中试研究对科技成果转化的影响

	$Items_{i,t}$				$Items_{i,t+1}$			
	全样本	东部	中部、东北部	西部	全样本	东部	中部、东北部	西部
Development	0.053 (0.229)	0.079 (0.158)	1.908 (0.969)	0.234 (0.637)	0.298** (2.380)	0.067 (0.711)	0.408* (1.752)	0.298* (1.991)
Patent	−0.021 (−0.069)	0.384 (0.589)	1.141 (0.660)	0.385 (0.799)	0.497*** (3.113)	0.011 (0.052)	0.031 (0.195)	0.257 (1.134)
Development*Patent	0.527 (1.144)	1.050 (1.091)	2.351 (0.752)	0.490 (0.693)	0.083* (1.702)	0.816*** (4.250)	0.159 (0.641)	0.436*** (2.926)
$Control_1$	0.327** (1.978)	0.747** (2.373)	−0.120 (−0.460)	0.292 (1.209)	0.192 (1.311)	−0.229 (−0.661)	−0.373 (−1.492)	0.169 (1.002)
$Control_2$	0.098 (0.447)	−0.502 (−1.185)	0.247 (0.717)	0.729** (2.064)	−0.003 (−0.017)	0.157 (0.370)	0.088 (0.274)	0.631** (2.096)
N	152	50	45	57	153	50	45	58
调整后 R^2	0.737	0.669	0.210	0.793	0.756	0.724	0.269	0.840

表 8-8　科技服务对科技成果转化的影响

	$Items_{i,t}$				$Items_{i,t+1}$			
	全样本	东部	中部、东北部	西部	全样本	东部	中部、东北部	西部
Service	0.554** (2.622)	0.780 (1.306)	0.539 (0.317)	0.852*** (2.816)	0.393** (2.011)	0.881 (1.418)	1.313 (0.801)	0.568** (2.137)
Patent	0.087 (0.448)	0.527 (1.357)	0.045 (0.043)	0.061 (0.231)	0.355** (2.055)	−0.263 (−0.652)	0.744 (0.742)	0.187* (1.841)
Service *Patent	0.584** (2.618)	0.401 (0.771)	0.425 (0.178)	0.595 (1.553)	0.416* (1.747)	0.252 (0.465)	1.395 (0.604)	0.270* (1.872)
$Control_1$	0.462*** (2.724)	−0.607 (−1.709)	0.263 (0.995)	0.447** (2.206)	0.295* (1.813)	−0.672 (−1.149)	−0.541 (−0.117)	0.301 (1.666)
$Control_2$	0.269 (1.607)	0.872** (2.235)	0.671** (2.361)	0.730*** (3.140)	0.191 (1.140)	0.713 (1.756)	0.531* (1.933)	0.692*** (2.922)
N	152	50	45	57	153	50	45	58
调整后 R^2	0.742	0.734	0.147	0.841	0.752	0.705	0.205	0.846

第 9 章 总结与建议

9.1 总　结

9.1.1　关于高校科技成果转化国有资产管理

高校的国有资产作为一种庞大的经济资源，其所有权属于国家，控制和使用权属于学校，代表着一所高校的办学规模和教学科研发展水平。随着我国高等教育的迅速发展，国家财政对于高等教育事业投入不断加大，逐渐形成了高校国有资产规模大、种类多、管理多样化的特点。因此，高校国有资产管理是高校管理中不可缺少、至关重要的一部分。高校科技成果转化面临的国资困境主要表现为无形资产管理制度不到位、公立高校行政管理体制的身份、科技成果所有权归属问题、科技成果处置难度大、科技成果收益权和考核制度缺位等方面。科技成果的国有资产属性导致了在科技成果所有权归属、成果处置、收益权分配等方面都有一定的问题和困难。无形资产管理制度不到位，考核制度缺位，均使科技成果转化产生了较高的交易成本，进而降低了成果转化率。

本书通过对高校科技成果转化影响因素分析，检验高校国有资产管理体制这一核心问题要素，从实务中具体分析高校国有资产管理体制对职务科技成果转化影响表现，总结高校科技成果转化国有资产管理问题与症结，分别从产权归属、产权评估、产权办理、资产处置四个方面提出改革建议，建立改革科技成果转化过程中的资产管理新体制，探索形成适应我国高校科技成果转化规律的国有资产管理模式。

为了解决高校科技成果产权不明晰以及交易成本存在的问题,职务科技成果权属混合所有制改革应运而生,让成果完成人积极参与到科技成果转化工作中来,这样可以极大地调动高校及科研人员的积极性和主动性,大大提升科技成果转化的效率。职务科技成果混合所有制这一创新改革,进行了有益探索,通过赋予科研人员科技成果所有权,促进科技成果转化。实践与研究表明:科技成果转化难的核心问题是职务科技成果国有资产化。在不能将高校院所拥有的知识产权"非国有化"的情况下,可行的方案是"职务科技成果混合所有制":职务科技成果由国家与职务发明人共同所有,实现高校院所拥有的知识产权"部分非国有化"。这是在实质上借鉴《拜杜法案》,并适应中国国情的唯一可行制度设计。

9.1.2 关于职务科技成果混合所有制改革

"职务科技成果混合所有制"是在四川省委、省政府的发动下,成都市委、市政府的推动下,由西南交通大学全面启动的一项全面创新改革试验。在四川省全面创新改革试验区的统一部署下,西南交通大学一手抓理论研究,一手抓案例实践,同时密切配合四川省全面创新改革试验区的工作,积极推广"职务科技成果权属混合所有制"改革经验。

在理论方面,持续完善资源论、价值论、主体论为核心的理论框架,提出"估值激励"与"价值激励",科技成果转化的充分必要条件等新的理论。运用"职务科技成果混合所有制"三个认识论积极推动修法。2019年1月,第十三届全国人民代表大会常务委员会第七次会议公布的《中华人民共和国专利法修正案（草案）》首次将"产权激励"写入《中华人民共和国专利法》第六条。2019 年 3 月，财政部发布修订的《事业单位国有资产管理暂行办法》，对国家设立的研究机构、高校院所持有的科技成果作价入股不再强制要求评估，并且彻底取消备案。2019 年 9 月，财政部发布的《关于进一步加大授权力度 促进科技成果转化的通知》，采纳了四川省和西南交通大学提出的科技成果作价入股成立的企业暂缓办理国有资产产权证的建议，将国有资产产权登记事项下放到高校院所主管部门。2020 年 1 月，教育部办公厅发布的《关于落实科技成果转化国有资产管理有关授权政策的通知》，对高校科技成果作价入股形成的国有股权不再报财政部办理国有产权证，而改由高校审核后报教育部登记。

在实践方面，西南交通大学积极推进改革落地，截至 2019 年底，西南交通大学已有 222 项职务科技成果知识产权分割确权，通过"职务科技成果混合所有制"注册成立了 24 家高科技创业公司，知识产权评估作价入股总值超过 1.3 亿元，带动社会投资近 8 亿元。2019 年完成"轨道交通轮对检测系统和受电弓检测系统""液压驱动转运装置""可降解镁合金支架"等 5 个项目评估作价入股及实缴出资手续。

在推广方面，西南交通大学与四川省科技厅、四川省发展和改革委员会、四川省知识产权局等部门积极配合，大力推广"职务科技成果权属混合所有制"改革经验，取得了国务院常务会议决议将"职务科技成果混合所有制"改革试点推广到全国八大全面创新改革试验区的阶段性成果。2019 年 11 月，国务院办公厅发布《关于对国务院第六次大督查发现的典型经验做法给予表扬的通报》，对包括"职务科技成果权属混合所有制"改革在内的 32 项典型经验做法给予通报表扬。2020 年 2 月，中央深改委第十二次会议通过《赋予科研人员职务科技成果所有权或长期使用权试点实施方案》。

9.2 建　议

9.2.1　改革成果转化的资产管理

1. 创新管理模式

充分赋予高校自主权，探索新型的国有资产管理模式，允许高校对其持有的科技成果可以自主决定转让、许可或者作价投资，无须再进行向上级主管部门报备、审批等工作。开展国有资产管理创新试点，对于向国有全资企业进行科技成果转让、许可或者作价投资的，可以不进行资产评估；对于向非国有全资企业进行科技成果转让、许可或者作价投资的，由转化单位自行决定，是否进行资产评估。

2. 改革权属关系

开展赋予科研人员职务科技成果所有权或长期使用权试点，在不能将高校拥有的知识产权"非国有化"的情况下，可行的方案是"职务科技成果混合所有制"：职务科技成果由国家与职务发明人共同所有，实现高校院所拥有的知识产权"部分非国有化"，只有彻底改变职务科技成果属于国有无形资产的认知，才能彻底消除障碍。

3. 优化评估备案

高校科技成果资产评估备案工作授权高校负责，然而仍然存在着大量材料需要报送，也要完成相应流程，导致占用成果完成人的大量时间，建议满足一定要求的科技成果评估后，可以进行公示等程序，取消向高校备案等要求。即评估不限制，备案彻底取消，这样可以更加激发科研人员的积极性。

4. 做好产权登记

科技成果可以通过资产评估的方式进行转化，也可以通过协议定价、在技术交易市场通过挂牌交易、拍卖等市场化方式确定价格。成果评估作价入股形成的国有资产不再办理产权证。

5. 建立制度保障

国有无形资产管理应按照"鼓励探索、允许试错"的原则，在肯定职务科技成果混合所有制改革具有积极意义的同时，针对其存在的问题抓紧出台有关政策措施，尽早形成促进科技成果转移转化可复制的经验，推动科技经济更紧密结合。

6. 完善内部控制

建立尽职免责的条款，需要流程到位，管理制度到位，要为高校科技成果转化"松绑"；建立风险防控体系，对科技成果转化关键环节进行有效风险防控。在成果处置前，开展标的技术情况调查、技术受让人情况调查、交易方案调查与分析以及审批程序合规性调查等尽职调查；建立科技成果转化审批流程，围绕许可、转让、作价投资、收益分配、兼职和离岗创业等方面细化操作流程与异议处理程序；明确交易关联方的确认标准，明确侵犯他人知识产权、擅自实施和转让或变相转让、转化过程中弄虚作假与非法谋利等行为的法律责任等。

9.2.2 构建成果转化的长效机制

1. 建立应用导向的科研管理机制

高校承担着科学研究的重要任务,随着国家创新驱动发展战略深入实施,科技成果转化重视程度进一步提升,对于科技成果在技术性、应用型、市场化方面的质量要求越来越高。为了鼓励科技创新,首先需要政府发挥主导作用,在科研项目立项环节加大创新性、实用型项目的投入力度;在科研项目验收环节更加重视应用与转化,加大对于应用性的验收考核力度;在科研评奖工作中,重视科技成果的发展前景与潜在效益,增加转化与应用、创新与质量等评价指标权重,以国家技术发明奖、国家科技进步奖引领技术进步、质量提升、成果创新。同时,高校要改变以往重学术与论文的科研评价机制,避免科研人员为了论文、职称而搞科研,导致科技成果往往只停留在理论阶段或是实验室简单试验阶段。科学研究不仅是发表学术论文、撰写学术专著,科技成果的可应用性、可推广性同样重要,高校应当通过调整内部职称评审、绩效奖励等科研工作评价制度办法,鼓励科研人员更多地创造有价值的成果,为顺利转化奠定良好的基础。

2. 建立权属清晰的成果转化机制

建立权属清晰的成果转化机制是确保转化实施的关键,从权属关系改革切入,兼具"雇主主义"与"发明人主义",将完全国有转变为国家和成果完成人共同所有,初步实现了国家与成果完成人的利益平衡。赋予成果完成人一定比例的产权,意味着科技成果有了特定人格，改变了无人问津的格局，大大提升其转化主动性与积极性，同时，也意味着成果完成人要承担起转化责任，以主人身份负责后续转化事宜。着眼于转化后的未来预期，通过产业升级、企业税收、国有股权等方式获得回报。实践证明混合所有制经济是适应市场经济体制、推动国有企业改革的有效形式，科技成果的混合所有是调动成果完成人又保全国有资产符合国情的制度设计。

3. 建立收益可期的激励机制

科技成果来源于科研人员投入的智慧劳动，尽管科研工作量是核算科研人员岗位绩效的重要指标，但其数额与科研人员付出的创造性劳动还无法匹配，特别是对于有转化前景的科技成果，作为转化主体责任人的科研人员，往往无法对价，个人利益得不到保证，缺乏收益权激励则会丧失转化动力。躺在账面上的成果资产，仅仅只是一项数据，违背了科学研究与社会服务的初衷。将奖励前置为知识产权激励，降低制度成本、简化办事流程，让转化收益可预期，大大刺激了科研人员的积极性。"先确权"首先赋予成果完成人知识产权，有效激励成果完成人在科学研究过程中更加注重成果的可转化性，高质量的成果、强烈的转化意愿保证了转化顺利实施。

9.2.3 优化中试研究的资源配置

中试环节是科技成果的实验室形态到产业化形态的过渡，中试是科技成果转化实现路径的中间环节，也是促进科技成果快速转化的必经之路。中试的本质是工程性的技术创新，中试的关键是保障资源要素的充足投入。

在资金方面，要加大投入、引入"天使前"资金。政府除了在科研投入环节发挥主导作用，还应承担起深化中试效果的主体投入重任，引入"天使前"投资，即政府投资进入天使投资前的领域，通过科技计划资金设置中试研发基金，与自然基金、社科基金等研究资金形成完整资助链条。政府根据当地行业特色设置中试项目，与属地内高校建立结对关系，对急需解决的关键技术且具有一定市场前景的科技成果进行投资，一旦中试成功将学术成果转变成工业成果，要求在管辖区内设立创业公司，享受未来的人才聚集、产业升级、创新创业、财政税收等方面回报。当各地区、企业、高校逐步走上正轨后，逐步提升社会各界对于中试投资的热情，通过政府主导建立完善的金融支撑体系，引入多方渠道筹措中试资金，提供坚实的财力支撑。至于投给谁的问题，高校不是科技成果转化主体，高校衍生企业才是科技成果转化主体，大多高校都成立了产业公司或研究院，政府完全可以直接注资，既保全国有资本，又创造资金价值。

在人力方面，高校应当着力建设转化队伍、推行"转化人"激励。合理制定"转化人"激励措施，吸引更多人才加入，才能让这支队伍壮大。而激励措施至少有两个层面：物资与精神。在物质激励方面，给予知识产权激励，推动"估值转化成价值"，激发"转化人"积极性；在精神激励方面，设置合理晋升通道，坚决"破四维"，不以论文、学历、奖项、课题等学术成绩为标准，而是以中试成果数量、转化成果数量、孵化企业数量及企业销售收入、利润等转化业绩作为评审条件，让"转化人"拥有事业发展空间。

9.2.4 营造促进成果转化的外部环境

1. 协同创新、推动区域发展

协同创新发展是推动经济发展、科技进步的必然路径。然而现实情况是各方协同不足，一方面高校内部以及不同高校之间沟通不够，高校内部以学科、专业建立团队单兵作战，学科交叉联系较少，不同高校之间合作不够，相互间不能优势互补；另一方面，高校与企业之间协同不够，高校对科技成果转化缺乏紧迫感，企业对科技成果转化缺乏主动性，双方容易在目标、利益等方面出现分歧导致无法达成合作意向。高校科技成果转化是一项复杂的系统工程，更加强调协调与合作。在转化过程中，高校与企业是典型的共生关系，高校创造的科技成果要适应企业产品市场开发需求，双方合作互惠互利、互相促进。因此，进一步加强协调创新发展至关重要。在高校内部，要形成学科交叉融合发展，分享共同的科技、信息、人力资源，发挥各自专业优势，实现跨越性技术创新，形成综合实力。在不同高校之间，鼓励融合与共建，要充分合作互补，互相利用对方的特长，克服单一组织资源不足的缺陷，以便形成符合市场需求的热点学科群，保障能够胜任重大科研任务，提升成果转化效率。在高校与企业之间，要以产业特性为基础，健全共享机制，比如共建实验室、共同中试投资等，组织聚集一批有竞争力的产学研联盟，既提高资源有效利用率，又能够实现双方互利共赢。同时，以全国八大全创区深入试点改革为契机，整合现有资源，深入地区合作，打造协同创新中心，形成地区特色的科技产业园区。比如，以成渝地区为核心，建立西部地区科技成果转化试验区，深入开展改革试点工作，以积极开放的姿态吸引各方资源,以丰富多样的形式扩大影响力,建立大数据信息网掌握市场科技动向,举办科技交流大会、组织国际合作交流扩大视野,以此促进协同创新发展,确保转化顺利进行。

2. 完善体系、培育市场环境

科技成果转化是一种交易活动,基于交易成本理论,在交易过程中存在着进入市场、信息检索、沟通谈判、履约执行、机会风险等成本。在高校与企业协作进程中,双方都要进行市场调查、搜集信息、寻求合作建立合约关系并监督、管理执行,双方都要为此付出代价确保自身利益。成果转化的不确定性、过程投资的高风险性、合作双方的机会主义都会引发交易成本过高,导致转化失败。成果完成人非常关注科技成果的经营成果和市场前景,希望将知识产权激励更多更快地变成价值激励,但担心与企业合作中利益受损;企业以盈利为目标,经营管理重视资金运作、投资融资,但对高校与成果完成人持怀疑态度,因此造成双方隔阂,使合作机会丧失。因此,应当进一步健全完善科技成果转化的政策、服务、技术、投入体系,营造良好的市场环境。在法律法规建设方面,通过法律化、制度化的形式夯实政策基础,构建促进科技成果转化的法律环境;在服务体系方面,可以依托高校科技园,以高校科技资源、学科优势、人才资源为基础,建立符合市场需求的孵化基地,努力使高校与企业形成合力,使科技成果向社会辐射,引领高校与企业相互促进、共同发展;在技术市场方面,发挥市场功能,根据科技成果的潜在前景与成熟程度等因素,为科技成果供需双方提供信息咨询,有组织的加大推广力度,开拓国内外市场,通过市场机制来实现资源有效配置。

3. 加强服务、发挥中介作用

专业的科技成果转化中介服务机构好比"媒人",联结高校与企业、技术与市场,决定了科技成果转化效率。理想的中介服务机构的职责正是帮助高校寻找、介绍、联系成果需求方,形成了特殊的委托-代理结构,以代理人的身份面对高校,筛选成果、评估作价,通过成本共担、收益共享履行代理义务;又以委托人的身份面对企业,试用成果、协助转化,企业通过甄别试用效果决定是否采纳,通过其特有的专业能力加速科技成果转化。因此,需要科技中介服务机构参与,在市场上对接供需,发挥桥梁作用,降低交易成本。采取"给期权"模式,确保社会积极参与增强中介服务。中介服务机构要及时了解企业所需评估技术困境,对接高校先期介入研究做好整体布局,提供价值评估、产权布局、创新创业等增值服务。同时,依托交易平台提供评估、营销、人才、财务、税务、法律、工商、管理等全方位服务并更加专业化。当然,中介服务机构是企业,无可避免追逐利润。除自身要有造血功能之外,由于其与"转化人"利益一体、使命一致,为了加速科技成果的有效转化,"转化人"可以采取期权模式,与中介服务机构就标的成果价值达成远期期权协议,规避当前不确定性、提高中介服务机构主动性,更好地提供投资服务而非投机。